나는 언제라도 너의 편이다

가난한 이웃을 치료하는 의사가 배운 인생의 의미

나는 언제라도 너의 편이다

최영아 지음

빛의서가

추천의 글

죽음의 현장에서 인간의 마지막 얼굴을 마주해온 법의학자로서, 나는 이 책을 읽으며 오랜만에 '살아 있는 의학'을 만났다. 《나는 언제라도 너의 편이다》는 진료실과 거리, 병상과 삶의 경계를 오가며 "의학이란 무엇을 위해 존재하는가"라는 질문을 다시 던지게 하는 기록이다.

의사 최영아는 병의 근원이 몸이 아니라 관계의 단절에서 비롯된다는 사실을 온몸으로 증언한다. 그가 써 내려간 의료 노트의 한 줄 한 줄은 통계나 진단명이 아닌, 한 인간의 이름과 체온을 품은 서사로 읽혔다. 가난과 질병, 외로움 속에서도 한 생명을 붙드는 그 마음은 의료가 기술이 아니라 윤리이자 연민임을 일깨운다.

나는 죽음의 원인을 밝히는 일을 하며 종종 '살아 있음의 이유'를 묻곤 한다. 이 책은 그 질문에 대한 한 의사의 대답이었다.

"누구나 언젠가 누군가의 도움이 필요한 존재이며, 그때 서로의 편이 되어야 한다."

그 단순하고 위대한 진실을 되새기게 된다.

책을 덮고 한동안 하늘을 바라보았다. 의학이 인간을 위한 학문임을, 그리고 의사가 인간의 곁에 서기 위한 존재임을 다시금 마음 깊이 새긴다.

유성호 | 서울대학교 의과대학 법의학교실 교수, 서울대학교 의과대학 도서관장

어느 여름날 빗물과 흙탕물에 밥을 말아 먹던 사람들을 목격한 의대생 최영아는 경악과 절망 대신 자신의 소명을 깨달았다. 자신이 가야 할 곳은 세상에서 가장 아픈 사람들이 있는 낮고, 어둡고, 고통과 외로움이 가득한 곳이라는 것을. 시인 로버트 프로스트가 노래한 <가지 않은 길(The Road Not

Taken)〉처럼 남들이 가지 않는 길을 걸어가는 의사 최영아의 발걸음마다 의학은 기술이 아니라 연민이었고, 치료는 절차가 아니라 회복이었다.

강한 자의 곁에 서는 데 익숙한 이 세상 속에서 그녀는 주저없이 힘없는 사람들 곁에 서서 '나는 언제라도 너의 편'임을 선언한다. 이 선언이야말로 시인 프로스트가 '그것이 모든 것을 바꾸어 놓았다(And that has made all the difference)'고 말한 '모든 것이 바뀌는 시작'이다. 몸의 고통을 넘어 관계의 아픔을 다시 건강하고 따뜻하게 만드는 기적의 시작이다.

오랜 시간 그녀를 곁에서 지켜본 선배로서 또 동료로서, 이번에는 내가 깨닫는다. 그 길이야말로 우리가 후배, 제자 의학도들에게 전해야 할 잊고 지냈던 의료의 본질임을. 틈틈이 의료 노트에 써내려간 그녀의 이야기가 우리 모두에게 '너의 편이 된다는 것'의 진정한 의미를 묻는 깊고 따뜻한 울림으로 남기를 바란다.

강덕희 | 이화여자대학교 의과대학 학장

서문

지난 20여 년이 넘는 세월 동안 의사로서 걸어온 길을 되돌아봅니다. 환자들과의 만남은 제 삶을 관통하는 깊은 고민의 원천이자 생에 감사할 수 있는 시간이었습니다. 그 분들과의 깊은 인연을 통해, 질병 그 자체를 넘어 인간이 가지는 아픔과 고통에 대해 더 깊이 생각하게 되었습니다. 질병과 고통은 결국 인간관계의 단절을 통해 더 깊어지거나, 혹은 다시 관계를 통해 병을 이겨내고 더불어 살아갈 힘을 얻게 된다는 것을 배우는 귀중한 시간이었습니다.

저는 1995년에 의사면허를 취득하고 2001년에 내과 전문의가 되었습니다. 대학 재학 시절, 의료봉사를 갔던 날의 충격은 제가 이 길을 걷게 된 계기이자 지금까지 제 삶을 이끄는 동력이기도 합니다. 그렇게 2001년 다일천사병원부터 시작해 요셉의원, 서울역 다시서기의원, 도티기념병원, 그리고 현재 시립 서북병원에 이르기까지 여러 이웃들과 함께 해왔습니다.

제가 처음 이 길을 걷기 시작했을 때와 비교하면 우리 사회는 놀라운 속도로 발전했습니다. 뒤돌아보면 불과 몇십 년 만에 우리나라는 세계에서 세 번째로 가난한 나라에서 세계를 놀라게 할 만큼 성장한 나라의 대열에 들어섰습니다. 덕분에 취약계층 환자들에게도 과거에 비하면 경이로운 의료 접근성을 제공하게 되었습니다. 현재에는 여러 제도적 절차들이 마련되어 여러 이웃들이 우리 사회에서 구성원으로 인정받을 수 있는 법적·사회적 분위기가 만들어졌습니다.

하지만 동시에, 여전히 새로운 형태의 어려움을 겪는 이웃들은 계속 생겨나고 있습니다. 그리고 그 이야기 속의 이웃은 먼 곳의 누군가가 아닐 수 있습니다. 제가 만나온 많은 분들이 대부분 평범한 삶을 살던 분들이었으나, 인생을 살아가며 누구나 겪을 수 있는 일을 경험하고는 고통과 슬픔 속으로 빠져들고는 하였습니다.

지금도 누군가 어디선가 겪고 있을 아픔과 슬픔이 나의 것이 될 수도 있다는 사실을 이해한다면, 우리 곁의 이웃에게 다정한 손길을 내미는 데 망설이지 않을 수 있을 것입니다. 그리고 이웃에게 내민 그 손이 언젠가는 나에게 돌아올 수 있음을 이해할 수 있을 것입니다.

이번 책을 쓰면서 저는 '함께'라는 어려운 단어이자 희망의 단어에 대해 고민했습니다. 25년간 수많은 이별과 만남을 경험하며, 저는 관계가 얼마나 강력한 치유의 힘을 가질 수 있는지 새롭게, 깊이 있게 배웠습니다.

숨 가쁜 일상 속, 문득 멈춰 서서 시간을 돌아봅니다. 10대에는 시속 10km, 30대에는 시속 30km로 느껴지던 시간이, 50대 중반의 지금은 마치 시속 50km의 속도로 질주하는 듯합니다. 이처럼 빠르게 흘러가는 시간 속에서, 저는 지난 시간 품어온 이야기를 함께 나누고 싶었습니다. 이 책 속의 글들은 2001년부터 현재까지 환자들과의 만남으로 인하여 배운 바와 생각한 바를 적어놓은 글들입니다. 짧은 단상처럼 쓴 글도 있고, 숙고와 성찰을 위해 쓴 글도 있습니다.

환자들을 만나고 돌보는 삶의 연속선상에서 여전히 의사로서 인간으로서 배우는 중입니다. 환자를 돌보는 사람으로서, 한 가정의 어머니이자 아내로서 삶을 살아가느라 바빠서 그간의 글을 정리하여 책으로 출간할 여유가 없었는데 좋은 기회로 책을 내게 되었습니다. 글을 다시 정리하면서 제 생각과 마음을 정리할 수 있는 귀한 시간이었습니다. 그간의 이야기를 담아 여러분들과 나누고 싶습니다.

최영아

차례

추천의 글 ·· 5

서문 ·· 8

마음껏 울어도 좋은 곳 ·· 17
빗물에 밥을 말아 먹는 사람들 ···································· 24
자신을 스스로 구할 수 있도록 ···································· 33
휴대전화에 있는 유일한 번호 ······································ 41
50억 원 병원 건물을 세우는 기적 ······························ 49
술을 입에 대기 시작한 중소기업 사장님 ·················· 56
이것은 누구나의 인생이다 ·· 62

어느 독거노인의 죽음 ··· 70
"새파랗게 젊은 여자가 어떻게 이런 일을 하나?" ················ 75
어디서부터 잘못되었는지 모른 채 모든 것을 잃었다 ············ 82
핵심은 인간관계가 없다는 데 있다 ································· 87
부족한 생활비를 타개할 특단의 조치 ······························ 95
"나 청송교도소에서 15년 살다 나온 사람이야" ················· 101
술 마시지 않으면 말 한마디 못하는 깡패 ························ 110
괴로울 때는 있지만 밉지는 않다 ··································· 116
"우리 사장은 나 치료 안 해줘요" ·································· 123

영어, 몽골어, 중국어, 러시아어… 수십 통의 전화 ⋯⋯⋯⋯⋯ 127
인간의 고통을 총체적으로 이해해야 한다 ⋯⋯⋯⋯⋯⋯ 135
어느 날 아이를 임신해온 노숙인 커플 ⋯⋯⋯⋯⋯⋯⋯⋯ 142
나이가 들어도 젊어도 타인의 온기가 필요하다 ⋯⋯⋯⋯ 147
"강력계 형사입니다" ⋯⋯⋯⋯⋯⋯⋯⋯⋯⋯⋯⋯⋯⋯⋯⋯ 152
자원봉사자들과의 소중한 만남 ⋯⋯⋯⋯⋯⋯⋯⋯⋯⋯⋯ 159
'이건 내 영역이 아니야, 다른 의사도 얼마나 많은데…' ⋯⋯⋯ 166
연이은 응급상황 ⋯⋯⋯⋯⋯⋯⋯⋯⋯⋯⋯⋯⋯⋯⋯⋯⋯ 172
밑 빠진 독에 물 붓는 마음 ⋯⋯⋯⋯⋯⋯⋯⋯⋯⋯⋯⋯⋯ 179

결핵은 가난한 나라의 전유물이 아니다 ······ 187
등불 같은 어른, 인생의 멘토 ······ 196
갈 곳 잃은 아이가 의미 있는 어른을 만날 수 있도록 ······ 202
망가진 의지와 잃어버린 자유 ······ 210
무엇이 사람을 살게 하는가 ······ 217
한 사람의 인생에 구체적으로 다가가야 한다 ······ 224
너무 많은 죽음 앞에서 배우는 인생의 의미 ······ 230

주석 ······ 235
참고문헌 ······ 236

일러두기

1. 이 책에 쓰인 환자 이름은 모두 가명입니다.
2. 도서명은 《 》로 표기하였고 시, 잡지, 신문, 영화, 노래 등은 〈 〉로 표기하였습니다.
3. 인명과 지명 등의 외래어는 국립국어원 외래어표기법을 따랐으며, 몇몇 경우는 관용적 표현을 따랐습니다.

마음껏 울어도 좋은 곳

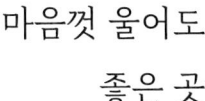

어느 날, 며칠 동안 진료를 보았던 남자가 어린아이 손을 붙잡고 진료실 문을 열고 들어왔다.

"선생님, 우리 아들입니다. 인사드려야지."

남자의 8살짜리 아들이 선물을 사 들고 온 것이다. 남자는 아들과 둘이 살아가고 있는 영세주민이었다. 아내가 돈을 대출해서 집을 나간 뒤로 하루아침에 전 재산을 잃었다. 35만 원짜리 월세방을 겨우 하나 얻어 근근이 아들을 돌보며 살아가고 있었다.

남자는 과거에 얼굴을 크게 다쳐서 코 수술과 치과 치료를 지속해서 받아야 해 일을 제대로 못하고 있는 상태였다. 정기적으로 돈을 벌 수도 없이 아들과 둘이 살아가는 남자 수중에 돈이 얼마나 있겠는가?

그런 남자가 하나밖에 없는 8살짜리 아들 손을 붙들고 진료실 문을 두드렸다. 아들의 손에는 과자 두 봉지가 들려 있었다.

"선물이에요."

나에게 감사함을 표현하고 싶어서 사 가지고 왔단다. 아이의 해맑은 얼굴에는 언제 어디서 다쳤는지 알 수 없는 깊고 오래된 흉터가 있었다. 아버지 손을 꼭 잡은 그 아이의 어깨가 무겁게 느껴져서 마음이 많이 아팠다.

집으로 돌아가는 뒷모습을 보며 가난이 되물림되지는 않을까, 엄마가 정말 필요한 시기인데 이 아이는 잘 자랄 수 있을까, 온갖 생각이 들었다.

내 진료실에는 환자들이 수시로 드나들었다. 그리고 환자들 가운데는 꼭 빈손으로 오지 않는 분들이 있다. 늘 먹을 것이며 화분이며 사서 온다. 음료수와 과일은 기본이고 중국이 고향인 분들은 중국에서 사온 마시는 차와 과자, 선물을 두 손 가득 들고 온다. 그래서 늘 병원은 환자들이 가져온 음식으로 풍성했다.

환자들이 자신이 번 얼마 안 되는 돈에서 떼어내 먹을 것이며 선물을 사온다는 것을 안다. 어떤 날은 그날 하루 번 돈 전부로 먹을 것을 사 들고 오기도 한다.

병원에 빈손으로 오지 않는 사람들이 있는가 하면, 환자들은 진료실 의자에 앉기만 하면 참 많이 울었다.

'내가 도대체 무엇을 했길래 여기만 오면 이리도 우실까….'

가끔은 무료병원이라는 이 자리가 어떤 자리이길래 환자들이 진료실 안에만 들어오면 눈물을 줄줄 흘리고 자신이 살아온 인생 이야기를 다 끄집어 놓는지 몰랐다.

쉬는 날이지만 할 일이 있어서 진료실에 나와 앉아 있던 참이었다. 누군가 문을 쾅 열고 들어왔다. 박준원 씨였다. 박준원 씨로 말할 것 같으면 왕년에 꽤나 한 주먹 하던 사람이었다. 청량리역 근처에서 일정한 거처 없이 지낸 지 15년쯤

된 분으로, 병원의 보디가드 역할을 해주기도 했다. 병원에 행패 부리는 사람이 나타나면 본인이 앞장서서 내쫓아 주기도 하고, 자원봉사를 하러 오기도 하는 등 혼자 잘 살아보려고 발버둥치는 모습을 보였다.

그런 박준원 씨가 눈물로 얼굴이 범벅이 되어서 울며 내 방으로 들어왔다.

"선생님, 저 죽을랍니다. 농약 사놨어요. 마지막으로 인사하려고 왔어요."

죽기 전에 자신에게 잘해준 사람들에게 마지막 인사라도 해야 되겠다며 나를 찾아온 것이다. 병원에는 스스로 목숨을 끊으려 시도했다가 실패한 사람들이 여럿 왔다. 자살하려고 청산가리인 줄 알고 먹었는데 황산이어서 식도가 다 쪼그라들어버린 사람, 요골동맥인 줄 알고 칼로 그었는데 정맥이어서 살아난 사람… 죽음의 문턱에서 병원에 오는 사람들이다.

어린아이처럼 떼를 쓰는 모습으로 나타나고 때로는 눈물 콧물 흘리면서 내 앞에서 우는 환자들을 보면 어찌해야 할지 난감할 때도 있었다. 그날 번 돈 전부로 사오는 선물을 보며 마음이 무거울 때도 많았다.

　그러면서 그분들의 속마음 이야기가 보였다. 죽을 용기도 없고 정말 살고 싶은데 사는 게 너무 힘들다는 말이다. 자신이 힘들다는 것을 알아줄 단 한 사람이라도 있기를 바라며 병원에 찾아왔을 사람들의 심정을 느낀다.

　스스로 생을 마감하고 싶을 때, 행동을 취하기 전에 이야기를 들어줄 한 사람으로 나를 찾아오고 내 진료실을 찾아왔다는 것이 때로는 두려웠다. 마지막 끈을 놓지 않고 찾아와주었음에 감사한 마음이 들기도 했다.

　의사는 타인의 고통을 돌보는 직업이다. 타인이 질병으로 인해 겪는 고통, 치료받는 현장, 죽음에 이르는 과정까지 함께 동참하는 것이 의료인의 삶이라고 생각한다. 그리고 의사이기 이전에 인간으로서 타인의 슬픔과 아픔에 대해 공감하고 작은 손길 하나 건넬 수 있어야 한다. 가난과 질병으로 인한 고통은 한 개인의 책임만은 아니기 때문이다.

　의사로서, 인간으로서 고통에 공감할 수 있기를 진심으로 바라왔다. 그 일을 잘해내려 나름의 노력을 다한 시간이었다.

의료 노트 중에서

하루 또 하루를 붙들고 나아가다 보면,
그래도 그때보다는 좀 더 괜찮아지는 때를,
어제보다는 좀 더 나은 나를
만나게 됩니다.

그러한 믿음과 희망이
반드시 필요합니다.

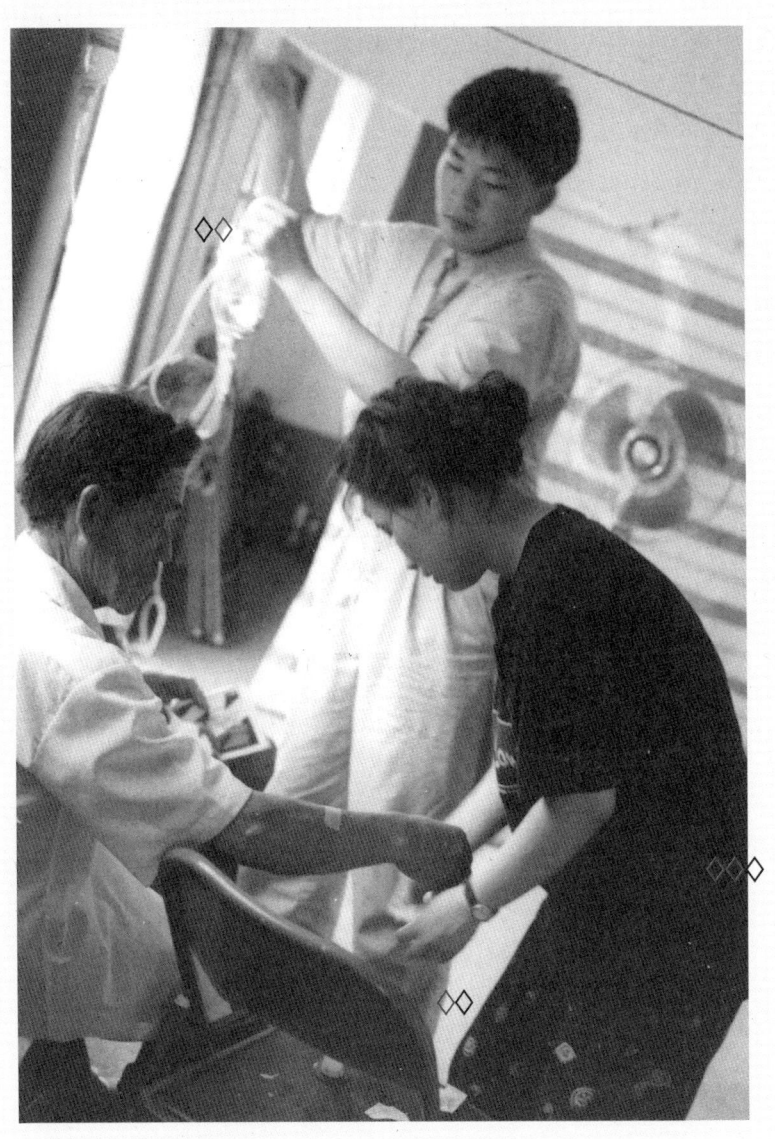

1994년 여름, 의과대학 재학 당시 무료진료소에서.
옆에서 수액을 들고 있는 사람이 현재의 남편이다.

빗물에
밥을 말아 먹는
사람들

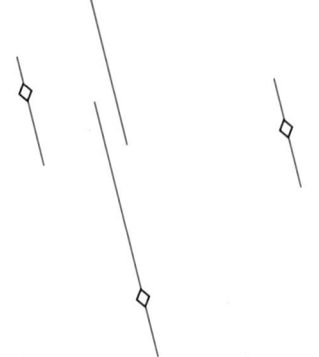

비 내리는 여름날, 청량리역 쌍굴다리 밑에서 나의 인생은 송두리째 뒤바뀌었다. 지금까지 내가 발 디디며 살던 세계가 무너져 내리고 진짜 세계가 눈앞에 펼쳐진 것만 같았다.

　의과대학 예과 2학년에 재학 중이던 1990년 여름방학이었다. 청량리역 근처 무료급식소에서 밥을 나눠주고 설거지 봉사를 할 사람이 필요하다고 해서 따라나선 참이었다.
　당시 청량리역 광장에는 오래된 구미타자학원 건물이 있었다. 우리는 그 건물 꼭대기 층으로 발걸음을 옮겼다. 엘리베

이터도 없는 건물에 아주 좁은 계단을 올라 5층 꼭대기에 가면 밥과 반찬이 가득 든 커다란 통이 줄줄이 늘어서 우리를 맞았다. 200여 명이 먹을 수 있는 엄청난 양의 음식이었다.

그날 우리의 일은 5층부터 1층까지 수십 번 오르락내리락하며 밥통과 반찬통을 하나씩 나르는 것이었다. 음식이 한가득 담긴 커다란 밥통, 반찬통, 국통은 성인 한 명이 겨우겨우 들고서 몇 걸음 옮겼다 쉬기를 반복해야 할 만큼 엄청나게 무거웠다. 20대 초반인 혈기왕성한 나에게도 만만치 않았다. 그 일을 하려면 젊은이들의 손길이 절실히 필요했다. 함께 간 선배와 나는 그곳에서 가장 젊은 사람이어서 그 역할을 맡았다.

우리는 음식이 가득 든 큰 통을 들고 1층으로 내려가서 리어카에 싣고, 지금은 없어진 청량리역 뒷골목을 지나, 야채시장 옆 쌍굴다리로 향했다. 야채시장 옆 쌍굴다리는 밥을 배식하는 장소였다. 어수선하고 지저분하던 이 일대는 현재는 모두 재개발이 되어 아파트 단지가 멋있고 웅장하게 들어서 있다.

청량리역 뒷골목에 들어서면 나타나는 홍등가의 풍경은

낯설고도 놀라웠다. 길거리에는 지나가는 남자들을 붙잡고 안으로 끌고 들어가려는 사람들의 갖가지 비명소리로 가득했다. 혼자 걸어가는 남자들은 붙잡혀 들어가기 일쑤였고 몇 명이 함께 있다고 해서 별반 다를 것도 없었다. 밥을 싣고 가는 무리는 잘 붙잡지 않았지만 처음 오는 자원봉사자 남자들은 곧잘 끌려 들어가고는 했다.

뒷골목을 지나서 쌍굴다리와 청량리 야채시장에 도착하면 앞서 지나온 길거리와는 전혀 다른 풍경이 펼쳐졌다. 무료로 주는 밥을 기다리느라 셀 수도 없는 사람들의 행렬이 이어졌다. 그러나 끝도 없는 줄보다 더 놀라운 건 코를 찌르는 냄새였다. 언제 씻었는지 알 수도 없는 사람들에게는 어쩔 수 없이 지독한 냄새가 몸속 가득 배어 있었다. 그런 분들이 한가득 모여 계시면 많은 냄새가 날 수밖에 없었다.

1990년대에 이르러 우리나라는 커다란 경제 성장을 이루었지만, 여전히 경제적 하위계층에 속해 있던 가정 또한 많았다. 지금은 생경하게 여겨질 만큼 천지개벽과도 같이 변화하였으나, 불과 1960년대만 해도 우리나라는 전 세계 최빈국 중 하나일 정도로 가난한 나라였으니 그 잔재는 여전히 사회에 남아 있던 때였다.

　이전 세대부터 이어져 오던 경제적 하위계층에 더해, 급속한 개발로 인한 영세민과 철거민 등 도시 저소득층의 주거 불안정 문제 또한 심각하게 대두했다. 대규모 택지개발사업과·재개발사업이 활발히 이루어지며 짧은 기간에 노후주택을 정비하고 아파트를 대량 공급하는 과정에서 수많은 철거민이 발생했다.

　대부분 영세 가옥주나 세입자들이었다. 영세 가옥주와 세입자들은 손실을 제대로 보상받지 못했고 미흡한 대책으로 인하여 철거민이 되는 경우가 많았다. 철거민들은 삶의 터전을 잃은 후 도시 빈민촌, 쪽방촌, 판자촌, 달동네 등으로 밀려나는 등 주거 안정성이 극도로 낮아졌다. 집을 잃은 후 노숙과 다름없는 상태에 놓이는 경우도 많았다. 삶의 대부분을 주민등록이 말소된 채 공중에 붕 뜬 상태로 지내거나, 아파도 제대로 치료를 받을 경제적 여유도 없는 사람이 많았다. 식사를 제대로 할 수 없어 줄 서서 기다리는 그 밥 한 끼도 언제 다시 먹을 수 있을지 알 수 없었으므로, 매번 식사 때마다 수백 명씩 와서 줄을 섰다.

이러한 현상은 이후 몇 년 뒤 더 심각해지기에 이르렀다. 국가 부도 위기에 처한 우리나라에 소위 IMF사태가 터진 것이다. 광범위한 구조조정으로 인해 수많은 사람이 직장을 잃었고 사업에 실패했다. 가족이 해체되어 결손가정, 결식아동, 노숙인, 소년소녀가장이 속출했고 아동과 노인의 유기, 생계형 범죄가 국가적 위기감마저 들게 할 만큼 많아졌다. 지금은 전반적으로 그 숫자가 많이 줄었지만 2011년에 노숙인복지법이 생기기 전까지만 해도 서너 살짜리 아이들을 데리고 온 식구가 박스를 깐 채 서울역 앞 거리에서 생활하는 모습을 많이 볼 수 있었다. 그들은 지나가는 사람들에게 동냥을 하며 지냈다.

　그러나 국가는 이들에 대해 이렇다 할 방안도 대책도 없었다. 사회적 위기로 인해 하루아침에 모든 것을 잃어버리고 아파도 병을 치료할 방도조차 찾을 길이 없었다.

　그날은 비가 추적추적 내리고 있었다. 끈적한 여름의 습기 가득한 길바닥에 너무나 많은 사람들이 아무렇게나 앉아 빗물과 흙탕물에 밥을 섞어 말아먹고 있었다. 나는 커다란 충격을 받았다. 뒤통수를 한 대 얻어맞은 것처럼 한참을 넋을 놓고 가만 서 있었다.

'이 사람들은 어쩌다 여기서 밥을 얻어먹으면서 살고 있는 걸까?'

나는 말로 표현할 수 없는 고통을 느꼈다. 그들은 밥 한 끼를 제대로 못 먹는 것뿐만 아니라, 아파도 제대로 치료조차 받을 수 없었다. 일반 병원에서는 이들을 받아주려 하지 않았다. 피를 한가득 토할 만큼 위독한 환자여도 시립병원에 가려면 경찰차와 119가 함께 가야만 했다. 분명 병원에 가면 살 수 있는 병인 것 같은데도 정작 본인이 병원에 가지 않겠다며 길에서 죽겠다고 하는 사람들도 많았다.

왜 이렇게 된 걸까?

왜 이 사람들은 죽을 만큼 아파도 치료받지 못하고 길에서 생을 마감하고 있는 것일까?

집이 없고 돈이 없는 사람은 아파도 아프다 말하면 안 되는 걸까?

그냥 그대로 허공에 붕 뜬 채 쥐도 새도 모르게 사라져야 마땅한 존재인 것일까?

무언가 크게 잘못되었다고 생각했다. 할 수 있는 일을 해야만 했다.

의료 노트 중에서

모두에게 건강과 몸은 귀중합니다.
그러나 가진 것이 없을수록

몸 하나가
최후의 유일하고도
귀중한 자산임을 절감합니다.

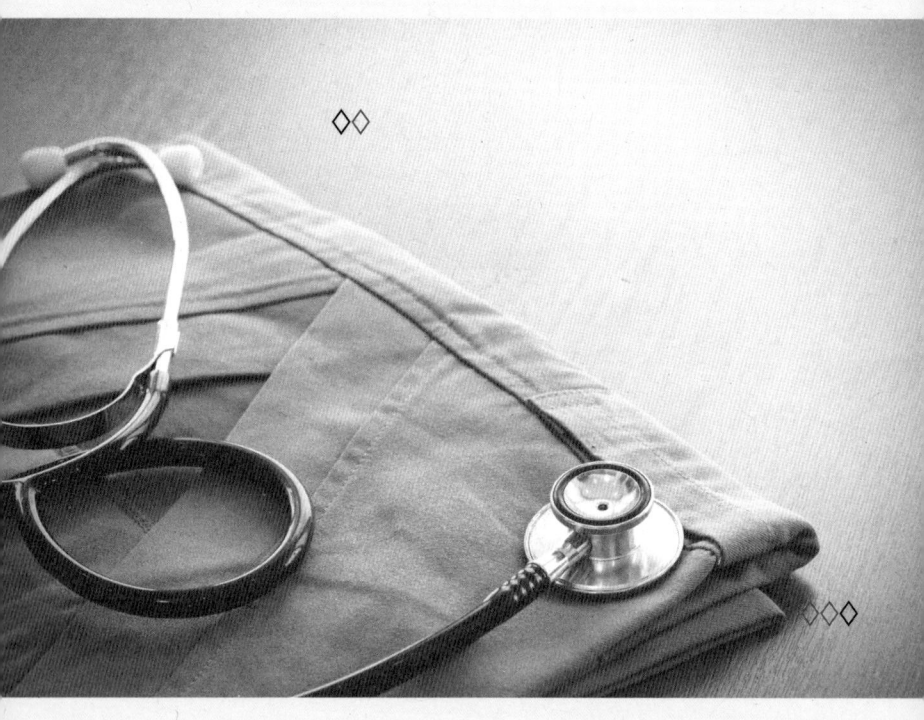

질병이 가장 많은 사람들이
정작 치료받지 못하는 현실을 보며 의사로서
내가 해야 할 일을 해야 했다.

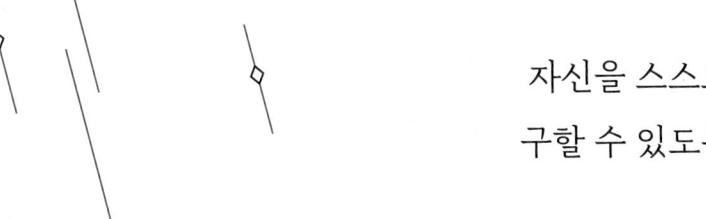

자신을 스스로 구할 수 있도록

의대생이 되었을 때, 고소득 전문직의 삶을 꿈꾸었던 때도 있었다. 그러나 인턴과 레지던트 과정을 거치고 무료진료를 하면서 깨달았다. 일반 병원에서는 내가 정말 만나야 할 사람들을 만나기 어렵다는 한계를 절감했다.

나는 마음을 달리 먹었다. 병이 많고 진료가 필요한 사람들이 정작 병원에 찾아오지 못하는 현실을 직시하겠노라 다짐했다.

무료진료를 나갈 때면 정말 다양한 사람들을 만나게 되

었다. 독거노인, 외국인근로자, 가족에게 버림받은 사람, 의료보험카드가 지급되었지만 그것을 상실한 사람, 각자의 사연을 안고 거리로 쫓겨난 사람, 가정에 발 붙이지 못하고 거리를 헤매는 청소년… 그 분들은 살아야 할 터전뿐만 아니라 살아야 할 이유마저 잃어버린 사람들이었다.

그렇다고 섣부른 손길이나 도움이 어려움에 빠진 이들을 구해주지 않는다. 자신을 스스로 구할 수 있도록 작은 징검다리를 놓아주는 일이 필요했다. 보다 구체적이고 실질적인 도움이 필요한 것이다.

'이 사람들이야말로 가장 질병이 많은 사람들인데. 의사라면 마땅히 질병이 많은 곳으로 향해야 하는 것 아닐까?'

'나는 무엇을 해야 할까?'

이 분들이야말로 의사의 진료가 정말 필요한 사람들이라는 생각이 압도적으로 나를 눌렀다.

빙산의 일각과도 같은 환자들의 문제는 수면 위에 드러난 것보다 훨씬 더 깊고 많았다. 한눈에 보아도 상당히 많은 병을 가지고 있을 뿐만 아니라, 이렇게 몸이 성하지 않은데 어떻게 걸어 다니는 걸까 싶은 사람들도 많았다. 환자들의 많은 문제들 중 수면 위에 드러난 한두 가지 문제를 해결하기 위해 어설프게 약을 처방하고 있다는 생각이 들 때면 괴로웠다.

'겉으로 드러난 질병만을 일시적으로 치료할 것이 아니라 근본적인 치료가 필요한데… 건강에 영향을 끼치는 인간관계나 사회와 얽힌 문제도 많은데 약을 몇 알 먹는다고 해결될까?'

무료진료를 하는 곳에서는 혈액검사나 엑스레이 등 여러 가지 검사를 받는 것도 불가능했다. 병원에 갈 돈도 없거니와 어찌저찌 얼마간의 돈을 마련해 병원에 간다고 해도 행색이 남루한 이 분들을 병원은 받아주지도 않았다.

의과대학에서 공부하고 있는 내가 할 수 있는 일부터 시작해보자고 팔을 걷어붙였다. 혼자서 가능한 일이 아니기에 마음 맞는 친구들과 함께 뜻을 모았다.

그러나 당시 의과대학 학생 신분이었던 우리가 할 수 있는 건 혈압이나 당뇨 수치를 재는 것과 문진밖에는 없었다. 우리는 학교별로 돌아가면서 의사 선배 한 분씩을 모시고 도움을 청했다. 무료로 진료한다는 소문이 나니 사람들이 모이기 시작했고 어디가 아픈지 입을 열기 시작했다.

그날도 무료진료소에서 진료를 하고 있을 때였다. 한쪽 구석에서 어느 노숙인 환자가 피를 토하고 있었다. 양이 많지는 않았고 혈압이나 의식은 괜찮았다. 무료진료소에서 해결할 수 있는 일이 아니므로 이 환자를 동부시립병원 응급실로 모시고 가기 위해 나는 경찰차에 동승했다.

그런데 참 이상했다. 아픈 사람을 데리고 병원에 가는 건데도 마치 큰 죄를 지은 죄수를 싣고 간다는 기분으로 경찰차에 타야 했다. 나는 꼭 죄수를 변호해주기 위한 변호인이 된 것만 같았다.

병원 응급실에 들어서니 괴이함과 충격은 폭발적으로 몰아쳤다. 그곳에는 냄새가 지독한 노숙인들이 참담한 모습을 하고 누워 있었다. 나와 함께 간 분은 그곳에서 진료받기에는 그다지 병이 심각하지 않다는 느낌이 들 정도였다. 코를 찌르는 지독한 냄새와 여기저기서 한꺼번에 터져 나오는 괴성으로 정신이 혼미했다.

병원이 아니라 감옥처럼 보였다. 그들은 마치 환자가 아니라 죄인처럼, 혹은 짐승처럼 취급받으며 창살 없는 감옥에 갇혀 있는 것 같았다. 병원 응급실인데도 그랬다. 돈이 없고, 가족이 없고, 돌보아줄 그 어떤 인간관계가 없다는 이유로 온몸이 묶인 채 더러운 병실에 방치되어 있다는 것이 가혹하게 느껴졌다. 지금은 동부시립병원이 새로 지은 건물에 들어서 있지만 그 당시에는 나무로 지어진 건물에 병원이 있었다. 발을 내디딜 때마다 삐그덕삐그덕 대던 나무계단 소리와 어두컴컴한 병원 내부 풍경이 지금도 생생하다.

참담한 광경을 눈앞에 두고 의문점과 걱정이 꼬리에 꼬리를 물었다. 사회에서 가장 약하고 병을 많이 가진 이 분들에 대한 조사도 연구도 치료도 왜 제대로 이루어지지 않는 걸까 답답했다. 한눈에 보아도 질병을 복합적으로 가지고 있는 이 분들이 시달리는 병의 근원을 찾아내어 하루빨리 치료가 이루어져야 함을 느꼈다.

가난하고 연약하고 아픈 사람들의 영향력은 의사들뿐만 아니라 우리 사회 모든 영역의 사람들에게도 작용한다. 마치 몸의 가장 아프고 약한 부분이 생기면, 온몸이 신경을 쓰게 되고 온 정신이 그 아픈 부위에 골몰하면서 몸 전체가 함께 아픈 것과 같다. 우리 사회에서 가장 약한 분들이 아픔을 치료받지 못한 채 방치된다면 사회 전체가 건강하고 온전하다고 보기 어렵다. 그 영향력은 실로 지대하다.

무료진료를 할 때면 깜짝 놀라기 일쑤였다. 혈압과 당뇨를 재면 하나같이 수치가 너무나 높았기 때문이다. 혈압약, 당뇨병약, 진통소염제를 좀 처방해준다고 해서 해결될 문제가 아니었다.

'밥도 제대로 못 드시는데 약을 챙겨 드실까?'

'다음에 언제 다시 진료를 받으러 오실까?'

의료 취약계층에 있는 사람들에게서 겉으로 드러나는 신체적 질병은 아주 일부에 불과하다. 정신과, 내과, 신경과적 문제들이 모두 섞여 있다. 근본적인 병의 문제를 해결하지 않고 겉으로 드러난 상처만 일시적으로 봉해서는 도돌이표처럼 악순환이 반복될 뿐이다. 어떤 식으로 환자를 관리해야 할지, 병이 왜 이렇게나 복합적으로 많이 생기는 것인지, 양상이 왜 조절이 안 되고 이렇게나 흉측하게 발현되는지 파악해야만 했다. 추적 관찰되지 않는 이들의 질병에 대하여 의학을 공부한 사람으로서 알아내고 싶으면서도 한쪽 마음에서는 "그런 것이 과연 가능할까?" 하는 생각에 걱정도 되었다.

의과대학에서 공부를 하며 전공을 선택해야 할 시점이 되었을 때 내과를 선택한 건 돈이 없어 아파도 치료를 받지 못하는 사람들을 더 자주 만나기 위해서였다. 단지 돈이 없다는 이유로 병원에서조차 받아주지 않는 환자들을 만나고 싶었다. 내과는 정기적으로 또 지속적으로 삶 전체를 관리해야 하므로 그들을 더 자주 만날 수 있을 거라고 판단하고 선택한 결과였다.

분명 어려운 길이 펼쳐지겠지만 그 길 위에 서기로 결심했다.

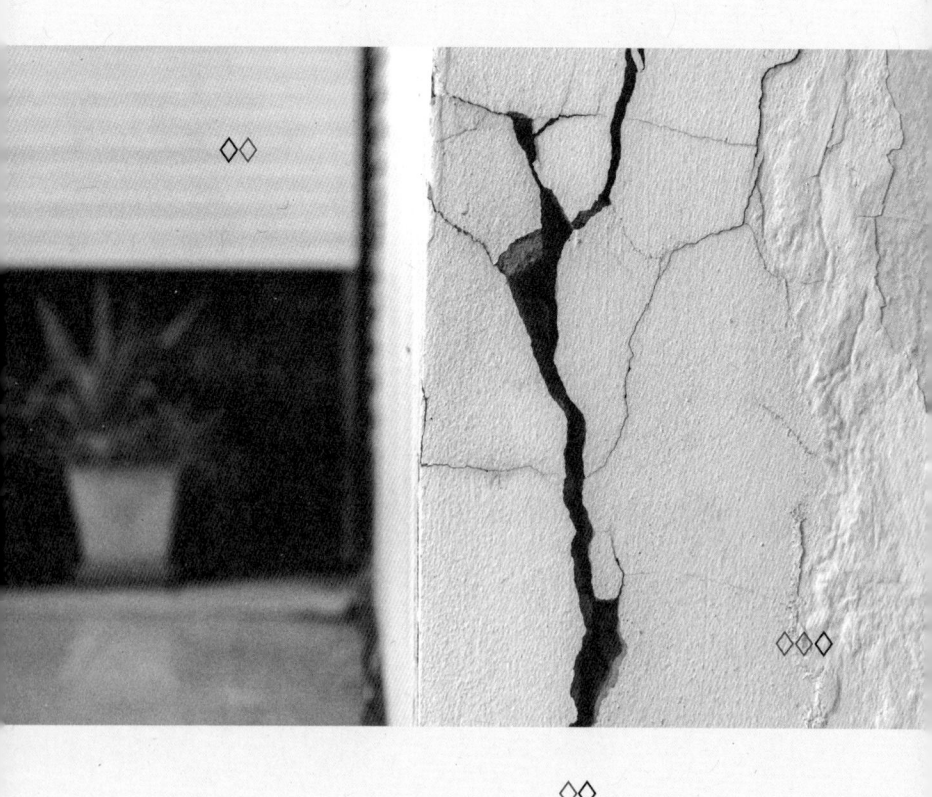

자신이 힘들다는 것을 알아줄
단 한 사람이라도 있기를 바라며
병원에 찾아왔을 사람들의 심정을 느낀다.

휴대전화에 있는 유일한 번호

매서운 찬바람이 부는 어느 겨울날 아침, 경찰서에서 전화가 걸려왔다.

"이연석 씨 가족 되시나요?"

"저희 병원 환자 분이에요. 어쩐 일이시죠?"

나는 놀란 마음에 전화하는 분이 누구시냐고, 왜 그러시냐고 물어보았다. 어젯밤에 길에서 돌아가셨는데 그분이 가지고 있는 유일한 연락처가 내 휴대전화 번호였다고 했다.

아무도 기억해주지 않는 죽음, 아무도 관심 가져주지 않고 평생 버려진 자로 살아간 사람이 마지막 순간까지 가지고 있던 전화번호가 내 전화번호라니… 아저씨를 만났던 순간들이 파노라마처럼 지나갔다.

그날, 이 일로 인해 나는 인생을 다른 관점으로 바라보기 시작했다.

무료병원 설립을 준비하고 있던 초창기부터 나는 아저씨를 만나기 시작했다. 아저씨는 가족과 단절되어 지내온 지 20여 년이 넘었다. 청량리역 쌍굴다리 밑에서 때로는 천막을 치고 때로는 맨땅에 깐 매트리스 위에서 살아온 세월이 15년이 넘은 분이었다.

본명은 따로 있었는데 주위 사람들에게는 안 가르쳐 주셨다. 주위 사람들은 모두 이현식으로 알고 있었다. 주민등록번호도 병원에서는 일부러 다르게 속이고 있었다. 전입할 주소가 없으므로 주민등록증이 말소된 채로 청량리역 근처에서 살아왔다.

아저씨는 젊었을 때 청량리역 일대에서 심부름을 하면서 먹고 살았다고 했다. 그 일로 벌어먹으며 리어카도 끌고 과일과 생선 등을 파는 일도 하면서 생계를 유지했다고 한다.

아저씨는 그날 먹고쓸 만큼만 돈을 벌고는 했다. 하루치 일당으로 버는 얼마 안 되는 돈마저도 본인보다 몸이 더 아프거나 형편이 어려운 사람들에게 나누어 주었다. 그러고도 병원에 날마다 화분이며 과일이며 과자며 먹을 것들을 잔뜩 사왔다.

아저씨는 노숙생활을 하면서도 자기보다 더 힘든 사람들을 보살폈다. 그 가운데 병든 사람들은 병원에 데리고 왔다. 청량리역 쌍굴다리 옆을 지나가다 보면 아저씨가 거동이 어렵거나 몸이 아픈 사람들 여럿을 보살피고 있는 모습을 쉽게 볼 수 있었다.

병원 진료실에 아저씨가 찾아오면 이런저런 이야기를 많이 나누고는 했다. 내가 마음을 열고 듣기 시작하니까 아저씨도 속마음 이야기를 어려움 없이 꺼내놓고는 했다. 가만히 대화를 나누다 보면 그분 말씀에는 놀라운 가르침이 있었다. 당시 나는 무료병원 설립을 준비하면서 동부제일병원에서 파트타임으로 근무하던 때였는데, 아저씨가 개원하는 병원이 어떠한 모습이어야 하는지에 대한 이야기를 하실 때면 깜짝 놀랄 때도 있었다.

바깥에서 잘 먹지도 잘 씻지도 못하는 생활을 오래 하던 현식이 아저씨에게도 병이 찾아왔다. 늑막결핵으로 입원을 오랫동안 했다. 그 다음에 병원에 찾아왔을 때에는 동상으로 인해 발가락이 완전히 썩어서 발가락을 자르는 수술을 하느라고 오래도록 입원했다. 마지막으로 병원에 입원했던 때에는 간경화에 복수가 차 있었다.

나는 아저씨가 완쾌되어 퇴원하는 모습을 보지 못했다. 아저씨가 마지막으로 병원에 입원해 있던 시기에 나는 병원에 사직서를 내고 떠날 준비를 하던 때였는데, 내가 병원을 떠나던 날 다 완쾌되지도 않은 몸 상태로 아저씨도 병원을 나가버리셨다고 들었다. 아저씨는 한겨울이라고 해서 보호시설에 들어갈 사람도 아니었다. 그런 아저씨의 생활을 잘 알고 있기에 내가 병원을 떠나 있어 아저씨에게 연락하기 어려운 기간 동안에 마음이 많이 쓰이고 걱정이 되었다.

그러던 와중에 경찰의 갑작스러운 전화로 비보를 듣게 된 것이다. 경찰은 아저씨가 유일하게 가지고 있던 전화번호가 가족의 것이라고 짐작한 모양이었다.

"저는 가족이 아니라 그분이 환자로 있던 병원에서 오랫

동안 봐 드렸던 의사입니다."

그제야 경찰은 자초지종을 상세히 이야기해주기 시작했다. 경찰이 발견했을 때는 이미 피를 토하고 사망한 채였다고 했다. 입가와 코 주위에 피가 잔뜩 묻어 있었다고 했다. 얼굴에 피가 범벅이니 경찰은 살인사건이나 자살이 아닐까 하는 생각에 걱정한 모양이었다. 사건처리가 힘들어지기 때문이다. 나는 간경화가 있었고 복수에다가 식도정맥류가 터져서 피가 나왔을 것이며 혈압이 떨어지면서 돌아가셨을 것이라고 말씀드렸다.

세상 사람들은 평생 가진 것 없이 산 사람의 이야기에 일반적으로 귀를 기울이지 않는다. 길에 버려진 자의 죽음에 대해서도 그리 특별한 관심을 가지지는 않는다. 차가운 길거리에서 홀로 죽음을 맞았을 외로운 삶을 생각하면 안타까운 마음이 감당하기 힘겨운 무게로 다가왔다.

그분의 죽음을 곁에서 지켜드리고 싶었는데 그러지 못했다는 것이 마음 아팠다. 마지막 가는 길만이라도 홀로이지 않도록 해드리고 싶었는데 그것을 하지 못해서 슬펐다.

나는 사실 가족처럼 그분을 생각하지는 않았던 것 같다. 그저 내게 온 한 사람의 환자로 여겼다. 물론 놀라운 깨달음을 주신 적도 많았고 날마다 많은 먹을 것과 화분을 사 가지고 오시며 사랑을 나누어 주셨지만 나에게는 그저 여러 환자들 중 한 사람이었다.

그런데 죽음을 맞이하는 순간까지 믿고 기댈 수 있는 마지막 한 사람이 나였다는 사실에 너무나 마음이 아팠다. 내가 누군가에게 그런 존재라는 것이 두려움으로 다가오기도 했다. 내 인생이 내 것이 아니라는 생각이 들었다.

다시 뭐라고 표현할 수 없는 앞날에 대한 두려움이 몰려왔다.

이 일은 내 인생의 전환점이 되었다. 가족처럼 나를 믿고 기대는 사람들을 위해 내가 할 수 있는 활동들을 멈추지 말아야겠다고 다짐했다.

의료 노트 중에서

환자를 통해서 의사가
만들어진다고 생각합니다.

의사는 환자와의 관계를 통해서
훈련을 받는 거라고 느껴요.

◇◇

죽음을 맞이하는 순간까지 믿고 기댈 수 있는
마지막 한 사람이 나였다는 사실에 너무나 마음이 아팠다.
내가 누군가에게 그런 존재라는 사실이 두려움으로 다가오기도 했다.

50억 원 병원 건물을 세우는 기적

의과대학 본과에서 공부할 때부터 전문의를 따기 전까지 매주 주말마다 의료봉사를 나갔다. 10년간 주말 의료봉사를 하면서 오랜 기간 생각과 마음을 붙든 일을 전문의가 되고도 계속하는 것이 나에게는 자연스러운 결과였다.

내과전문의 자격을 취득한 해 본격적으로 무료진료에 나섰다. 청량리 뒷골목에서 밥퍼운동(무의탁 노인, 거리생활자를 위한 무료급식 나눔 운동)에 앞장서며 '밥퍼 목사'로 알려진 최일도 목사님과 함께 다일천사병원을 설립하고 의무원장을 맡은 것이 출발이었다.

"직접 병원을 만들자."

처음에는 최일도 목사님이 던진 말을 나는 농담으로만 들었다. 일주일에 한 번 하는 무료진료의 한계를 느끼며 한숨짓는 내게 목사님이 건네는 위로 섞인 농담이라 여겼던 것이다.

31살의 나이에 무료진료 병원을 설립해 운영하는 일은 쉽지 않겠지만 뒤로 미루고 싶지도 않았다. 당시 나는 환자들에게 늘 죄송한 마음이 있었다. 토요일 무료진료만으로는 필요한 검사도 할 수 없었고 제대로 된 진단도 해드리지 못하는 현실이 너무나 답답했다.

본격적으로 진료를 시작해 이 답답함과 미안함을 털어내고 싶었다. 게다가 안정적으로 내과 전문의 내지는 대학병원에서 펠로우(fellow, 전임의)를 하며 세부분과를 정해야 할 시점인 그때가 무료병원을 준비하고 시작하기에는 가장 적기라고도 생각했다.

남편을 비롯한 가족은 이러한 결정에 반대했다. 굳이 어려운 길을 가려는 나를 이해하지 못했다. 가장 가까운 사람들의 지지를 얻으며 일을 시작하고 싶었기에 어떻게 설득을 하면 좋을까 고민하며 적기를 기다렸다.

그러던 때, 내과 전문의를 취득하자마자 영등포에 있는 고(故) 선우경식 원장님이 계신 요셉의원으로 남편과 함께 찾아뵌 날이었다. 원장님께서는 나의 행보를 들으시더니 적극적으로 지지하시면서 내가 하고자 하는 일을 전폭적으로 도와주도록 남편을 설득하고 격려해주셨다. 시부모님은 그다지 좋아하지는 않으셨지만 자율적인 선택을 막지는 않으셨다.

내 선택을 누구보다 기쁘게 지지해주신 분은 돌아가신 나의 아버지셨다. 6·25전쟁 당시 북에서 남으로 내려와 혼자 살아온 힘들고 외로운 시간 때문인지, 배고프고 힘든 삶을 살아오는 데 한이 맺히신 건지, 아버지는 가난한 사람들을 돌보겠다는 나의 선택에 대해 기쁘게 찬성하셨다.

아버지는 1950년에 전쟁이 일어나 온 나라가 쑥대밭이 되었을 당시 1·4후퇴 때 혈혈단신 빅토리아호를 타고 함경도 흥남에서 남쪽으로 내려오셨다. "혼자 먼저 빅토리아호를 타고 내려가 있으면 식구들을 모두 데려가겠다"던 것이 아버지와 할아버지의 마지막 만남이었다.

그러나 아버지의 나머지 가족은 고모 한 분을 제외하고

는 아무도 내려오지 못했다. 내가 어렸을 때 아버지는 그 배, 그 빅토리아호에 몇 명이 탔는지에 대해 매일 저녁 식구들과 식사할 때마다 이야기하셨다. 원래 그 배에는 1,000명 정도 탈 수 있었는데, 그 10배의 숫자인 1만 명이 탔다는 다소 과장이 섞인 이야기였다.

병원을 짓겠다고 마음은 먹었지만 병원 한 채를 짓는 데는 어마어마한 돈이 들 것이었다. 보통 건물도 아닌 병원을 짓는다는 건 불가능해 보였다. 병원 건립에만 50억 원이 넘는 예산이 든다고 했다. 누가 그런 돈을 선뜻 낼 수 있을까? 그래서 생각해낸 것이 100만 원 단위로 모금운동을 하는 것이었다.

최초로 모금에 동참한 이들은 다름 아닌 청량리 윤락 여성들이었다. 그들을 시작으로 8년간 5,700여 명의 사람들이 모금운동에 동참했다. 다일천사병원을 세우기 위하여 도움의 손길을 내어준 5,700명이야말로 기적을 이루어낸 천사들일 것이다.

2002년, 기적과도 같은 손길이 모여 병상 30여 개를 갖추고 무료진료를 시작할 수 있었다. 당시 나는 병원에서 면허를 건 유일한 의사였다.

    모금에 도움을 준 분들의 성함을 하나하나 새겨 병원 복도 벽에 걸었다. 드러내고자 함이 아니라 이런 분들을 본받아서 무료병원이 지역마다 곳곳에 필요한 곳에 세워지기를 바라는 염원에서였다. 5,700여 명이 내민 따뜻한 도움의 손길 아래 기적처럼 무료병원을 지을 수 있었던 것처럼 관심과 사랑이 등불처럼 퍼져나가기를 바랐다.

8년간 5,700여 명의 사람들이 100만 원씩 모금하여
기적처럼 무료병원 건물을 세울 수 있었다.

의료 노트 중에서

우리의 인생에는 사랑과 실패가
언제나 나란히 일어날 수 있습니다.
또한 우리 인생에서 겪는 고립과 상실 역시
성취와 약속으로 바뀔 수 있습니다.

술을 입에 대기 시작한
중소기업 사장님

어느 날 오후, 중년의 남성 한 사람이 짐을 들고 병원에 찾아왔다. 가방 하나 없이 오는 사람들이 많은데, 이 분은 양손 가득 입원 준비를 해왔다. 그런데 한눈에 보아도 황달이 심했다.

그는 한때 중소기업체의 사장님이었다. 그런데 갑작스러운 사업 부도로 술을 입에 대기 시작했다. 설상가상 사고로 가족마저 잃었다. 상황은 이중삼중으로 그를 괴롭혔다. 홀로 된 그는 상실감에 빠져 술로 세월을 보냈다. 불과 몇 년 사이에 그의 삶은 완전히 바뀌어버렸다.

이미 간암 진단을 받은 상태라고 했다. 더는 견딜 수 없이 힘이 들어서 스스로 입원을 하러 온 것이었다.

그날 저녁, 자원봉사 의사의 도움으로 암세포가 전이된 것인지 알아보기 위한 수술을 진행하였다. 자원봉사 의사로 온 그는 한 병원의 병원장이지만, 도움을 요청하면 수술을 비롯한 검진을 위해 의료봉사를 와주었다.

"다행히 오늘은 수술 스케줄이 없어서 일을 마치고 올 수 있었어요."

담담하게 말을 하지만 본인의 병원 일만으로도 바쁠 텐데 시간을 쪼개어 봉사를 와주는 그 마음이 얼마나 감사한지 모른다.

환자는 한눈에도 기력이 없고 황달이 심해 상태가 좋지 않을 거라 짐작은 하였지만, 검사를 해보니 몸의 상태는 더욱 심각했다. 조직검사 결과 암세포가 온 몸으로 퍼졌음을 보여주고 있었다.

의사로서 더 해줄 것이 많지 않았다. 살 날이 얼마 남지 않았음을 본인 역시 잘 알고 있었다.

병은 빠르게 진행되었다. 며칠이 지나자 식사는커녕 물

조차 마시기 힘들어하셨다. 정신이 맑을 때는 담소를 나누어 드리고, 손과 발을 주물러드리고, 진통이 오면 진통제를 놔드렸다. 인생의 끝자락을 너무 속상하게 사셨기 때문에 마지막 만큼이라도 기쁘게 가시기를 바라며 준비시켜드렸다.

같은 병동에서 하루하루 상태가 나빠져가는 그를 바라보던 다른 환자는 안타까워하며 얼음물을 가져다주었다. 1시간 간격으로 얼음물을 찾는 그를 위하여 당번을 자처해 나선 것이다.

"산다는 게 뭔지…."

돌아오지 못할 길을 향해 걸어가는 그를 보며 환자는 되뇌었다.

살아가야 할 이유를 더 이상 찾을 수 없으면 맨정신으로 세상을 살아가기가 힘들어진다. 현실을 피하고만 싶어진다. 그러면 술에 손을 대기 시작한다. 한 잔 두 잔 마시던 술은 어느새 하루에도 몇 병씩 마시지 않으면 견딜 수가 없는 상태에 빠져들게 된다. 삶의 의욕을 잃었으니 자신의 몸을 보살필 리가 만무하다. 거기다 술까지 들이부으니 병을 얻는다.

그는 문제를 해결하기 위해 찾아온 것이 아니다. 무섭고 두려운 마음에 누군가와 대화할 수 있는 시간이 필요했을 것이다. 죽음이라는 두려움 앞에서 누구라도 곁에 있었으면 좋았을 것이다.

누구나 죽음을 겪어야 한다. 마지막을 어떤 모습으로 맞이할 것인가. 환자들은 어떤 죽음을 맞이하고 싶을까. 나는 어떻게 죽음을 맞이해야 할 것인가. 많은 죽음을 보아오며 삶의 마지막 모습에 대한 고민이 깊어진다.

의료 노트 중에서

인간은 질병으로 인한 고통 그 자체보다,
이 질병으로 인해 변화되는
자신의 가치에 대한 평가절하 때문에
더 고통스러울지도 모릅니다.

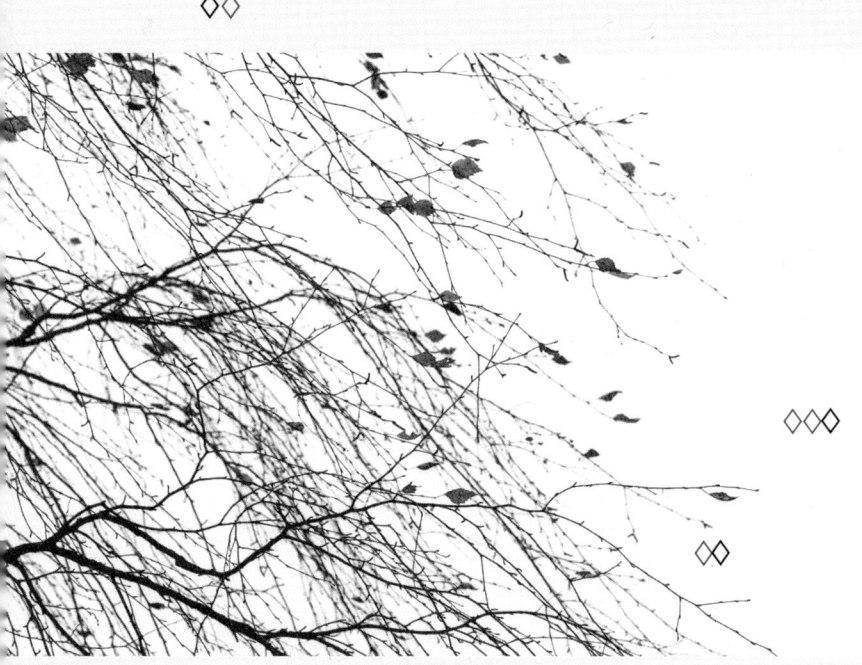

누구나 죽음을 겪어야 한다.
마지막을 어떤 모습으로 맞이할 것인가.

이것은
누구나의 인생이다

길거리에서 생활하는 사람들, 독거노인, 의료보험을 상실한 사람들, 갈 곳 없는 청소년들의 문제가 '그들만의 문제'라 여기는 사람들도 많다. 그러나 내가 가까이서 치료하고 소통하며 깨닫는 사실은 결코 '그들만의 문제'가 아니라는 것이다.

지금은 평범하게 살고 있는 사람들에게도 그와 같은 일이 일어나지 않으리란 보장은 없다. 인생을 살다 보면 마음 같지 않은 일이 아주 많고 크고작은 실패와 좌절을 겪기 마련이다.

인생에서 만나게 되는 여러 가지 어려운 일들로 인해 실패와 좌절을 겪다가 정신적인 공황상태 등에 이르면 사람을 만나기 어려워하고 홀로 격리되다시피 한다. 그러다 가족 및 사회와 점차 단절되다가 결국 오갈 데가 없는 떠돌이 생활을 하게 된다. 공통적으로 지속적인 스트레스와 우울증, 알코올 중독 문제를 가지고 있다. 지속적인 알코올 섭취로 인해 병이 생겨도 제대로 관리되지 않는다.

관계의 단절을 겪고 사회와 단절되다시피 하는 사람은 지금도 기하급수적으로 늘고 있다. 홀로 격리되다 가족, 친구 등 의미 있는 인간관계가 파괴된 사람은 사람다운 삶에서 멀어지기 쉽다.

사회가 변화하며 일정한 거처 없이 생활하게 되는 이유도 형태도 바뀌었다. 요즘은 거리에서 먹고 자는 사람들도 옛날보다 훨씬 깨끗하고 옷도 잘 갈아입고 다녀서, 만성적으로 알코올에 찌든 노숙자가 아니면 외모로는 잘 알아차리기 어려운 경우도 많아졌다.

과거에는 전쟁 이후의 잔재가 많았으나, 현대로 올수록 도시화 및 산업화로 인한 자본주의 사회의 한 단면이자 핵가족화에 의한 산물의 형태다. 지금은 1인 가구, 방치된 독거노인, 끊이지 않는 가출 청소년 등 가족 해체가 많은 새로운 갈 곳 없는 환자들을 만들어내고 우리 사회 안으로 깊게 끌어들이고 있다.

극도의 스트레스 상황과 깨끗하지 못한 환경, 제대로 수면할 수 없고 영양 섭취를 할 수 없는 상태의 지속은 언제나 반복적이고 다양한 형태의 급성 및 만성 감염성 질환들을 앓게 한다. 특히 아주 빠르고 흔하게 당뇨병이 생기게 한다. 당뇨병은 다른 고지혈증이나 고혈압과 관련된 내과 질환들을 불러올 수 있다.

게다가 당뇨병이 잘 생길 수 있는 상황은 뇌경색 등을 비롯한 다양한 종류의 신경병들을 합병증으로 가지게 하기 쉽다. 물론 병을 제때 제대로 진찰받지 못해서 발병하고도 방치되다가 치료와 관리를 받지 못한 채 오랜 세월 동안 병을 키우는 것도 중요한 문제다.

영양과 휴식을 제대로 취하지 못하고 인간관계가 끊어진 채 살아가며 주로 몸으로 하는 직업인 막노동 등을 하는 상황도 다양한 복합적인 질병을 가지기 쉽게 한다. 오랜 세월 동안 무거운 것을 들고 지속해서 몸으로 일하는 직업을 가지면 척추디스크와 퇴행성관절염, 다양한 부상 등 많은 복합적인 정형외과 질환들을 한 몸에 가지고 있는 경우가 흔하다.

특히 주거 불안정은 다양한 병들을 양산한다. 아무리 젊고 건강한 사람도 편히 쉴 수 있는 공간이 없는 생활을 지속하게 되면 5년 이내에 신체의 모든 장기가 빠르게 망가져버린다. 고혈압과 당뇨, 중풍, 치매 등이 일반인보다 20~30년 먼저 다양한 합병증과 함께 발생한다. 상당수 노숙인들이 대화가 힘들 정도로 멍한 상태인데 원래 장애를 가지고 있었던 경우도 많고, 살면서 다쳐서 넘어졌든, 신경계 관련 질병들로 쓰러졌든, 극도의 스트레스로 인해 술이나 담배를 지나치게 해서 생긴 문제든 간에 많은 병을 복합적으로 가지고 있어 뇌 손상이 일어났기 때문이다. 거리에서 먹고 자는 생활은 제정신을 유지하면서 할 수 있지 않다. 그러한 생활이 지속될수록 더 제정신을 유지할 수 없다.

치료하기 어려운 난치병이나 희귀병에 걸려 죽음에 이르

는 것이 아니다. 한두 가지 약과 제대로 된 생활 관리만 하면 충분히 조절할 수 있는 질환인데도 기본적인 위생과 영양 상태를 유지하지 못해 젊은 나이부터 각종 합병증에 시달리다 죽음을 맞이하게 된다.

길거리에서 생활하는 사람들, 독거노인, 의료보험을 상실한 사람들의 문제는 현대 사회에서 우리 가정과 사회가 지닌 가장 약한 부분이다. 가장 아프고 가리고 싶은 부분이고 해결하기 어려운 부분이어서 덮어버리고 없는 것처럼 무시해버리고 싶은 부분이기도 하다. 그들은 어쩌면 이 각박한 사회 속의 낙오자이고 어떤 면에서는 경쟁사회의 희생자일 수도 있다.

인생을 살아가다 만난 어떤 실패와 좌절로 인해 평범한 사람이 한순간에 삶의 낭떠러지로 몰리는 경우를 많이 보았다. 특별한 누군가의 문제가 아니다. 우리의 주변에서 흔히 아는 누군가에게 일어날 수 있거나 우리의 가족 중 한 사람이 될 수도 있다.

가장 약한 부분이 강해지고 가장 아픈 부분이 해결될 때 우리 몸이 건강해지는 것처럼, 가장 어렵고 복잡한 문제가 그들만의 문제가 아니라고 끌어안을 때 우리 사회가 더 나은 사회로 나아갈 수 있으리라 생각한다. 이들이 다시 일어설 수 있도록 몸과 마음에 힘을 불어넣어 주는 것이 내가 해야 할 역할이라고 생각했다.

누구나 나이를 먹고 병들 수 있고 누군가의 도움이 필요한 상태로 살아가야 할 때가 올 수 있다. 어떤 계기로 인하여 먼저 그렇게 된 것일 뿐이다. 힘들지만 서로 존중해주고 더불어 살아가는 이웃이 새롭게 생기기 전에는 해결되기 어려운 문제다.

의료 노트 중에서

의사이기 이전에 한 인간으로서
깊은 고민을 하게 했던 시간이었습니다.

인간이 사회적 동물이어서
결코 혼자 살 수 없다는
너무나 당연한 진리를
새롭게, 아프게, 깊이 있게 발견했습니다.

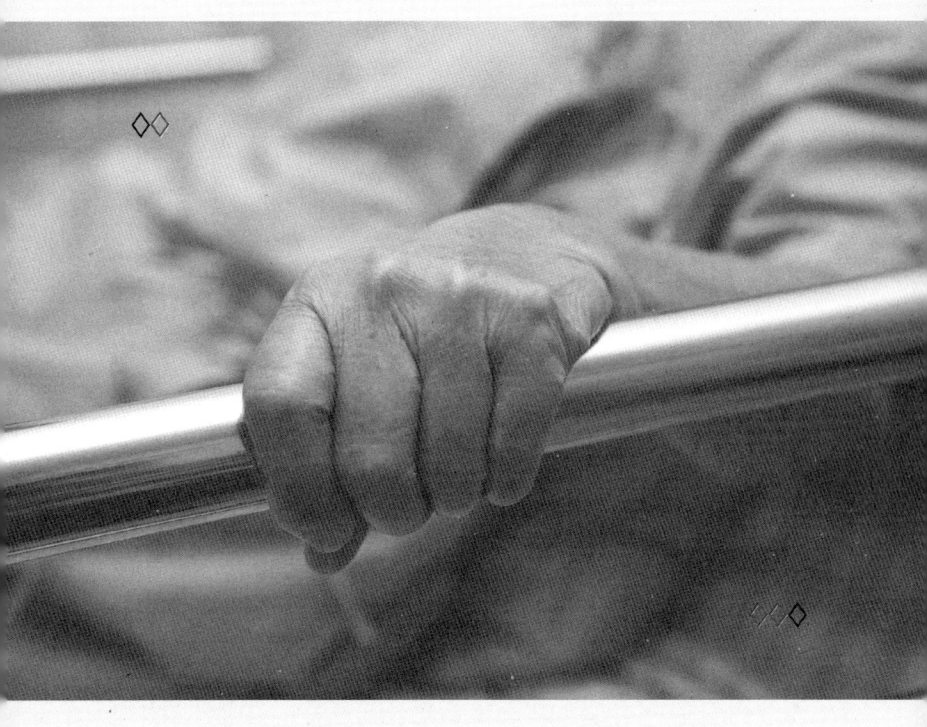

◇◇

누구나 누군가의 도움이 필요한 상태로 살아가야 할 때가 올 수 있다.
인생을 살아가다가 예상하지 못한 어떤 계기로 인하여
먼저 그렇게 된 것일 뿐이다.

어느 독거노인의
죽음

살아서 위중할 때는 연락이 안 되다가 죽은 다음에야 그토록 빨리 연락이 되는 것을 어떻게 이해해야 할까.

그것이 인간의 속성인 것인가.

김대연 할아버지는 70세를 목전에 두고 계셨다. 가족을 버린 것인지 가족에게 버림을 받은 것인지 홀로 월세방에 지내신 지 수십 년째였다. 당뇨병, 고혈압, 당뇨병성 신증, 심근경색증 등을 이미 앓았고 원래 있던 심방세동에 갑상선 기능 저하증까지 와서 매달 한 번씩 올 때마다 오만 가지 약을 가방 한 가득씩 타 가셨다.

할아버지의 재정 상태와 여러 가지 질병들로 보아서는 의료급여 1종 수급자[1]가 되어야 하는 상황이었지만 할아버지는 그럴 수 없었다. 할아버지에게는 왕래 없이 수십 년간 따로 지내온 딸이 둘 있었다. 자녀 둘에게 돈이 많았는지 할아버지가 가지고 계신 숨겨진 재산이 있었는지 자세한 사정은 알 수 없었으나 어떠한 연유로 의료급여 1종 수급자가 될 수 없었다. 요즘엔 자식과의 관계 단절을 동사무소에서도 인정해주는 편인 듯한데 그때는 그 과정이 그리 쉽지는 않았다.

외래를 보던 어느 날, 할아버지는 가슴이 답답할 때가 있다고 말했다. 이렇게 두고 보다가는 집에서 혼자 지내다 분명 위험한 상황이 생겨서 생명이 위험해질 것 같았다.

위기의 조짐을 외래에서 볼 수 있었기에 입원 수속을 서둘러보려 했으나 호적상 올라와 있을 뿐 수십 년째 왕래가 없는 딸들이 계속 문제였다. 자식들을 만나서 면담해야 했고, 여러 가지 제출해야 할 호적등본 등 서류도 필요했는데 연락을 할 방도가 없었다. 환자를 입원시키지 못하고 답답한 채로 2주가 훌쩍 지났다.

아니나 다를까, 할아버지는 119구급차를 타고 병원으로 급하게 실려 왔다. 곧 숨이 끊어질 것 같은 할아버지의 표정을 보자 마음이 급해졌다. 일단 병실로 모시고 입원 수속을 하라고 했다. 환자는 응급으로 서류 없이, 절차 없이 입원을 했다.

심박수가 분당 30회였다.

'외래에서는 50회는 넘었는데….'

더 일찍 입원해 경과를 지켜봤다면 좋았을 텐데 안타까웠다. 이미 심근경색증이 여러 차례 왔고 심장기능이 떨어져서 심부전 상태에 있었다. 환자의 정신은 명료했지만 심장 상태는 이미 마지막에 다다랐음을 시사해주고 있었다.

만약 대학병원에 있었다면 심장혈관조영술을 하고 여러 가지 시술과 인공심박동기를 달았을 수도 있다. 담당 의사에 따라서 중환자실로 보내 관리했었을 수도 있는 환자다. 그 어떤 고가의 치료도 환자의 예후를 보장하기는 어려운 과정임을 알면서도 안타까웠다.

위기의 조짐을 외래에서 이미 보았음에도 서류상의 문제를 해결하지 못해서 입원시키지 못한 것이 너무나 마음 아팠다. 이렇게 실려온 다음에라도 시급한 의료장비로 시도를 해보고 그래도 안 된다면 할 수 없는 것인데 하는 마음에 답답했다. 그러나 일단 이 병원에서 할 수 있는 선에서 최선을 다해보고자 했다. 나와 자원봉사 당직 의사는 그날 밤을 꼴딱 세웠다.

그러나 환자는 하룻밤을 넘기지 못했다.

독거 노인의 가장 큰 두려움은 집에서 혼자 죽는 것이다. 혹은 본인이 길에서 혼자 죽는다면 장사를 누가 치룰까 하는 것을 가장 두려워하곤 한다.

이러한 일들을 두려워함에도 불구하고 자식들에게는 무슨 일이 있어도 연락하기 싫어하고 만나고 싶어 하지도 않는다.

"죽어도 연락하기 싫다."

독거 노인들이 입버릇처럼 하는 그 말은 실제로 그리 되기 마련이었다. 죽음을 목전에 두어도 연락을 하지 않으려 한다. 그러나 당사자가 죽고 난 다음엔 본인의 의사와 다르게 흘러간다. 호적상 올라와 있는 자식들에게 타의로 인해, 여러 절차로 인해 연락이 취해진다.

할아버지가 돌아가신 후 딸들과 사위들이 와서 시신을 대학병원 장례식장으로 옮겨갔다. 친척과 주위 사람을 불러 모아 번듯한 장례식장에서 장례를 치러야 그래도 자식 된 도리를 다하는 것이라고 생각했을 수도 있겠고 아니면 장례식을 통해서 돈을 벌어야 했을 수도 있다.

할아버지가 아플 때는 병원에서 딸들에게 연락하고자 그렇게나 노력했는데도 연락이 안 되었었다. 연락이 그토록 안 되다가 막상 돌아가시고 구청에서 연락을 취해 사체를 모셔가야 하는 때가 되자 그 과정은 아주 빠르게 진행되었다.

혹시 미리 연락이 되었다면 그런 종류의 일들을 해야 될까 봐 가족들은 그토록 연락을 받지 않았던 걸까. 화가 났다.

무료로 진료하는 우리 병원에 다니실 때 연락이 되었다면 얼마나 좋았을까? 그도 도무지 어렵다면 위급할 때라도 연락이 되어 대학병원에 모시고 갈 수 있었다면 좋았을 텐데, 그것을 부탁드리고 싶었는데 해드리지 못한 것이 너무나 안타까웠다.

"새파랗게 젊은 여자가 어떻게 이런 일을 하나?"

평생 아픈 사람들을 만나야 하고, 심지어 고통스러워하다가 삶의 마지막에 있는 사람들을 대면해야 하는데 어떻게 의사라는 직업이 안정되고 편안한 직업일 수 있을까?

31살에 무료진료 병원을 설립한 나에게 사람들은 이 말을 가장 많이 했다.

"새파랗게 젊은 여자 의사가 어떻게 이런 일들을 하나?"

나에 대한 여러 이야기에서 항상 주어는 '젊은 여자 의사'였다. 외래환자, 입원환자, 호스피스 환자에 더해 장례식장까지 포함한 30병상의 병원을 운영하는 일에 많은 용기가 필요한 것은 맞다.

몸도 마음도 지친 환자들이 위협적인 행동을 하거나, 진료를 하다가 욕을 먹거나, 멱살을 잡히는 일도 예사다. 문신 없는 사람이 드물었고, 온몸에 흉터가 있었으며, 술에 잔뜩 취해 있고, 말이 잘 안 통할 정도로 정신에 이상이 있거나 뇌병변과 인격에 장애가 있는 환자들도 있다. 거리에서 생활을 하는 분들 가운데는 살인범을 비롯해서 도덕적으로나 사회적으로 온갖 파렴치한 일들을 한 사람들이 섞여 있기도 하다. 그러나 남자라고 해서 이런 일을 더 쉽게 할 수 있는 것도 아니다.

나는 당혹스러울 때는 있었지만, 무섭다거나 더럽다거나 피하고 싶거나 도망가고 싶지 않았다. 참으로 소설 같은 이야기 속 인물들을 만나고 그 사람들이 도움을 요청하는 손을 쉽게 잡을 수 있는 내 진료실 자리가 가슴 벅차게 여겨졌으나 또한 바로 그 때문에 두렵기도 했다.

외래 진료 환자는 하루 100명이 넘었고 입원 병상에도

30여 명이 넘게 있었다. 상근의사는 한 명뿐인 일반 병원이지만 80여 명의 자원봉사 전문의들이 발 벗고 함께해주어서 종합병원 같은 역할을 할 수 있었다. 때로는 풀타임 자원봉사로 몇 달에서부터 1년까지 병원에서 함께 살다시피 하면서 무료로 당직을 서주는 자원봉사 의사들 덕분에 입원 환자들과 호스피스 환자들도 함께 돌볼 수 있었다. 그 덕에 과도할 수 있었던 일들을 용기를 가지고 해낼 수 있었다.

요즘은 돈을 제대로 주고도 야간 당직 의사 구하기가 어려운데 어떻게 그 많은 자원봉사 의사들과 당직 의사들이 돈 한 푼 안 받고도 몇 년씩 병원에서 함께 살다시피 하며 환자를 돌보았는지 생각해보면 참 놀라운 일이다.

수많은 환자들과 자원봉사 의사들, 그 외에도 직업도 성향도 다양한 사람들과 깊이 만나면서 돈을 내고도 배우지 못할 값진 공부를 많이 했다. 사람과 인생, 환자에 대한 공부뿐만 아니라 다양하고 복합적인 질병들에 대해 귀한 훈련을 받았다.

의사는 환자들을 통해 경험한 만큼 좋은 의사가 된다고 생각한다. 그리고 이왕이면 환자들과의 만남을 즐기고 싶었다.

고통스러워하는 사람을 만나는 일은 늘 신중해야 하고 어렵지만, 그중에서도 거리에서 오랜 시간을 보낸 환자들은 대부분 의사에게 많은 인내를 요구한다. 많은 경우 말이 잘 안 통하고, 성격이 온순하지 않고, 다른 사람들과 관계 맺기 힘든 데다 정신적으로 많은 문제를 안고 있는 때도 많다. 이제는 오랜 세월 이 분들을 보다 보니 환자를 이해하는 폭이 넓어져서 어떤 질병이 있겠다는 걸 알아차리는 것이 쉬워지기는 했으나, 단 한 사람이라도 제대로 만나려는 훈련은 지금도 계속되고 있다.

환자들은 내게 몸을 맡긴 사람들이다. 돈이 많든 적든 치료를 해달라고 병을 보여주고 모든 것을 내맡긴 이들이다. 의사로서 치료해야 한다는 책임감을 가진다. 내가 그들을 특별히 더 사랑해서라기보다는 질병이 많은 환자를 보고도 치료하지 않는다는 것을 나 스스로 용납할 수가 없다.

의사는 가장 병이 많은 곳에 있어야 한다는 생각에 그 곁을 택했다. 가장 병이 많고 의사소통도 힘든 이들을 돌보는 것이 그 시작이라고 생각했다.

어떤 특별한 사명감 때문만은 아니었다. 그저 환자들에

의해 훈련되고 만들어지기를 바라며, 내가 의사로서 잘 훈련되어지는 길을 택했다.

의료 노트 중에서

인생에서 만나게 되는
여러 가지 어려운 일들로 인해
실패와 좌절을 겪었을 때
이해해주고 받아줄
의미 있는 인간관계가 있어야 합니다.

의미 있는 인간관계가 파괴되어
삶의 낭떠러지에 매달린 사람들을
너무나 많이 보아왔습니다.

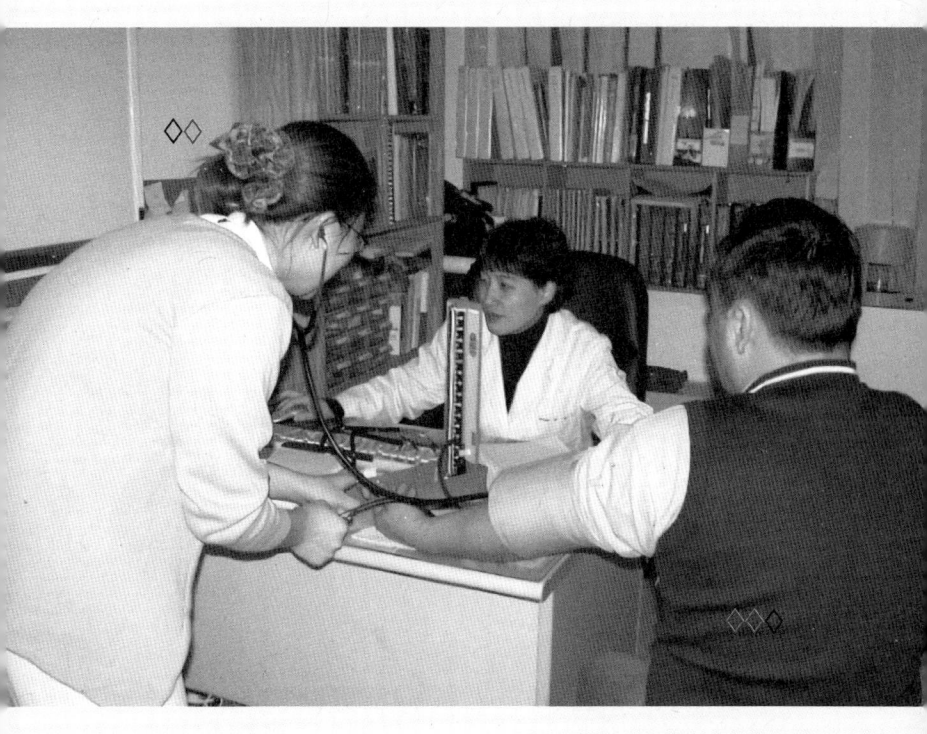

2002년 다일천사병원 진료실에서.
나에 대한 여러 이야기에서 항상 주어는 '젊은 여자 의사'였다.
그러나 남자라고 해서 이런 일을 더 쉽게 할 수 있는 것도 아니다.

어디서부터
잘못되었는지 모른 채
모든 것을 잃었다

의사로 지금껏 있어오며, 뼈저리게 깨달았다. 인간은 사회적 동물이어서 결코 혼자 살 수 없다는 너무나 당연한 진리를 새롭게, 아프게, 깊이 있게 발견했다.

    사회는 점점 더 개인주의화되어 간다. 그 속에서 우리는 나만의 발전을 위해서, 혹은 나와 내 가족만이 잘 살면 된다는 식의 인식을 하기 쉬운 세상에 살고 있다. 성공을 위해서라면 옆에 있는 사람들을 배제시켜도 된다는 사고방식은 당장 편한 것만을 추구하게 만든다.

그러나 자본주의와 성공에 대한 환상만 가지고 지나친 욕심을 부리다 그 욕심으로 인해 모든 것을 잃은 사람들을 많이 보아오면서 여러 생각을 하게 되었다. 처음에는 자신과 가족의 행복을 위해서 성공하려고 시작했던 것 같지만, 시간이 갈수록 어디서부터 잘못되었는지 모른 채 어느새 가족마저도 잃어버린 사람들을 보게 되었다. 실패와 좌절을 반복해서 겪다가 가족을 비롯한 인간관계를 스스로 끊어버리고 고립되기도 한다. 결국에는 성공, 건강, 가족, 인간관계 등 모든 것을 잃어버리게 된다.

자본주의가 고도화되면서, 인간관계보다 돈에 더 가치를 부여하기도 한다. 혼자가 더 편안한 삶, 혼자 잘먹고 잘살면 된다는 가치관, 가족과 함께 생활하기 어려운 환경 등은 1인 가족을 증가하게 만들고 있다. 1인 가족은 중요한 사회구성원으로 인정을 받고 있지만, 이러한 1인 가족들은 자기관리가 소홀하거나 인간관계가 끊어질 경우 많은 문제에 직면할 수 있다.

내가 지난 시간 동안 만나왔던 수많은 사람들 가운데서

도 1인 가족으로 살아가다가, 사회에서 크고작은 상처를 받고 회복하지 못하는 사람을 많이 보아왔다. 마음의 상처가 있는 사람에게 육체적으로 질병이 생겨 몸과 마음이 모두 병들어 고립되다가 결국에는 노숙인과 별반 다르지 않은 삶을 사는 사람들도 많이 있었다.

    인간은 사회 속에서 성장하고 살아간다. 타인과의 관계로 인해 현재 느끼고 있는 기쁨과 고통이 커질 수도 있고 작아질 수도 있다. 행복이 사회적인 요인에 의해 크게 좌우되는 것과 마찬가지로, 고통도 물리적인 요인보다 어떤 면에서는 사회적인 요인에 의해 크게 좌우된다. 인간은 질병으로 인한 고통 그 자체보다, 그 질병으로 인해서 변화하는 자신의 가치에 대한 평가절하 때문에 더 고통스러울지도 모른다. 타인과의 차이를 인식하면서 생겨나는 두려움 때문에 그들과 관계를 끊음으로써 겪게 되는 고통은 상당히 크다.
    인간은 또한 자기 자신과도 관계를 맺는다. 자신의 고통에 직면해서 이를 품위 있게 극복하는 경우에는 스스로에 대해 만족감을 얻지만 그렇지 않은 경우에는 평생 자기 실망감 속에서 살아가야 한다. 이보다 더한 고통은 없다고 해도 과언이 아니다.

성공에 대한 추구는 갈수록 높아지는데, 다른 사람과의 비교 또한 점점 더 심화되어가는 세상을 우리는 살고 있다. 실패와 좌절을 겪은 사람을 포용하지 못하는 분위기 속에서 반복되는 비교 사회에 살아가는 한 언제고 누구라도 깊은 좌절에 빠질 수 있다.

그 누구도 돕지 않고 오로지 자기 자신만의 인생을 위해서 살아가기란 현실적으로 불가능하다. 자신이 있는 바로 그 자리도 누군가의 도움과 배려, 수많은 세월 동안 누군가 쌓아온 믿음직한 안전망과 희생, 사회적 울타리 속에서 일구어졌다는 사실을 알아야 한다. 우리의 삶이 주위의 모든 사람들과 긴밀하게 연결되어 영향을 주고받고 있음을 늘 상기해야 한다. 그것이 인생이다.

의료 노트 중에서

정말 최선을 다하고 있습니다.
제가 할 수 있는 한 환자 곁에 있으려 합니다.
그러나 야간 당직 서줄 사람들이
당장은 많이 있었으면 좋겠습니다.

3일 동안 매일 2~3시간씩밖에 잠을 못 잤습니다.
이상하게 잠도 안 오고 요즘은 많이 이상해졌어요.
긴장하면 그렇게 되는 것 같습니다.

핵심은 인간관계가 없다는 데 있다

집 없이 떠돌이 생활을 하며 병을 가진 환자들 가운데는 한때 많이 배웠고, 돈이 많았으며, 잘나갔던 사람도 여럿이었다. 의사였던 사람도 있었고, 기업체 사장이었던 사람도 있었으며, 엄청난 부자였던 사람도 있었다. 이런 사람이 어떤 이유로 실패하거나 망했을 경우 자기 자신의 모습을 견디기 어려워하며 가족을 비롯한 주변과 인간관계를 끊고 자해와 자학을 하거나, 술을 아주 많이 마셔서 자기를 망가뜨려 스스로 생을 마감하려 한다.

그러나 죽지는 못하고 성격은 더 괴팍해지고 이상해진

경우가 많았다. 잘 살았던 사람이 자살할 용기는 없고 자학을 하다가 더욱 망가져서 제정신으로 살아가기 힘들게 되었다.

옛날에도 지금도 사회에서 버림받고 억눌린 사람, 가난하고 소외된 사람은 계속해서 있어왔다. 그러나 비교적 옛날에는 다 같이 못 살고, 다 같이 배고프고, 다 같이 어려운 시대를 보내고 있다는 생각이 있었다. 그래서 내가 조금 힘들어도 다른 사람들도 그러려니 생각하며 박탈감이 심하지 않을 수 있었다.

그러나 이제는 다른 사람들은 어떻게 사는지 인터넷 정보망을 통해서 모두가 알 수 있는 시대다. 나는 밥 한 끼 먹기 힘들고 어려운 처지에 놓였는데 다른 사람들은 여전히 잘 사는 모습을 너무 잘 볼 수 있다.

타인과 세상은 우리 자신을 끊임없이 비교하게 만든다. 사회로부터 조건부 사랑을 받으며 우리는 자라왔다. 무엇인가를 해야만 사랑받고, 중독을 끊어야만 사랑받고, 선한 일을 해야만, 공부를 잘해야만, 돈을 제대로 벌어야만, 외모가 좀 되어야만, 혹은 적어도 옷이라도 잘 입고 깨끗해야만 사랑받을 수 있다는 많은 잣대가 우리의 삶을 좌지우지 해왔다.

이로 인해 상대적인 빈곤감과 박탈감이 더욱 심해졌다. 바깥이 정해주는 잣대에 짓눌리고 불안과 공포 속에 살고 있다면, 그 사람은 자기 자신에게서 스스로 분열되어 가고 있는 것일지도 모른다.

우리나라는 격변하는 사회 발전을 겪었다. 취약계층은 급격한 산업화와 경쟁구조, 자본주의, 이주노동자 문제 등 사회구조 속에서 양산되었다. 1960년대 초까지 우리나라는 전 세계에서 끝에서 두 번째로 가난한 나라였다. 전쟁으로 인해 남과 북으로 갈리면서 가족들과의 단절과 부상과 장애와 재정적 결핍 등 전쟁의 잔재는 실로 오랜 세월 지속되었고 그때 생긴 취약계층이 그 고리를 끊지 못하고 10~20년 동안이나 길에서 지내기도 했다.

지금은 시대가 변했다. 도시화, 산업화, 자본주의 사회에서 생산업이 변화하고 사회가 양극화하며, 자본 중심 사회로 더욱더 바뀌어왔다. 개인화와 인간소외가 빠르게 증가되었다. 군중 속에서 외로움을 느끼는 사람, 홀로 되는 사람이 점점 증가하고 관계가 끊어지는 사람이 늘어나는 쪽으로 시대가 변화했다.

    그로 인하여, 타인과의 관계 맺음에 대한 어려움은 시대가 흘러갈수록 더욱 심각해지고 있다. 개인화와 인간소외, 인간관계에 어려움을 느끼다가 급기야 인간관계가 모두 끊어져 칩거하는 생활을 하는 사람들도 점점 늘어가고 있다.

    거리에서 생활을 하는 사람들이 '집이 없는 사람'으로 인식되지만, 핵심은 '인간관계가 없다'는 데 있다. 이혼하거나, 가족에게 버림받거나, 가출하거나, 직장을 잃고 사회적 관계가 끊어진 사람들이 거리에서 생활하는 경우를 아주 많이 보았다.

    이들은 같이 살 사람, 돌아갈 가족이 없다. 물리적인 집이 없는 사람이 아니라 세상에서 내가 머무를 수 있는 마음의 쉼터가 없는 사람들이다. 그러므로 영어로도 노숙인이 '하우스리스(houseless)'가 아니라 '홈리스(homeless)'인 이유다.

    거리에서 생활하는 사람들의 80퍼센트 이상이 이혼하거나 미혼이며 자식들이나 부모 형제와 연락이 끊긴 나 홀로 상태다. 이미 삶을 포기해본 적도 여러 번 있고 살 소망이나 의지가 거의 없는 상태인 사람들이 많다. 이분들은 자기 자신과의 관계, 부모 자식 간의 관계, 형제와 자매 간의 관계, 부부 사이의 관계, 친구 관계가 깨져서 이 세상의 어떤 누구와도 또 어떤 사물과도 온전한 관계를 맺지 못한다.

치료와 치유는 관계 맺음부터 시작한다. 육체적 질병과 정신적인 질병은 사회적인 여건들과 서로 연결되어 있어서 서로에게 악영향을 주기 때문에 함께 치료해야 한다. 진정한 건강을 위해서는 관계의 회복이 필요하다. 사회와의 관계가 이미 깨져서 생긴 병은 가족관계, 혈연으로 맺어진 관계를 넘어서서 이 관계를 대치할 사랑의 관계가 형성되어야만 제대로 된 치료가 가능하다.

인간관계가 회복되어야 사회 안으로 다시 들어올 수 있다. 가족까진 아니더라도 기댈 수 있는 인간관계도 중요하다. 병이 나아도 이전의 삶으로 돌아가려면 기본적인 의식주가 해결되고 일자리가 있어야 하며, 새 삶을 살겠다는 의지가 있어야 한다. 사람들과의 관계는 삶으로 의지를 이끄는 중요한 역할을 한다.

그리고 무엇보다 치유와 건강한 인간관계에 이르기 위해

서는 가장 먼저 자기 자신과의 관계 회복이 이루어져야 한다. 자신이 실제로 느끼고, 지각하고, 생각하고, 상상하는 그것을 원하고 말로 표현할 수 있어야 한다. 자기 자신에 대한 무조건적인 자기 수용이 필요하다.

아주 어려서부터 혹은 장성해서, 어떤 사건을 통해서, 부모를 통해서, 의미 있는 어른을 통해서, 배우자를 통해서, 학업을 통해서, 사업적 실패를 통해서 자신의 이미지에 심각한 손상을 입어서 거의 회복 불가능한 상태에 놓인 사람들을 우리는 만나고 보살펴야 한다.

누구나 그런 상태에 놓일 수 있기 때문이다. 누구에게나 그런 시간이 존재할 수 있다. 국가 정책이나 사회 분위기도 몸과 마음을 크게 다친 이들이 자기 자신과의 관계부터 회복할 수 있도록 도와주어야 한다. 그래야 타인과 사회와의 관계 회복도 가능하다. 근본적인 치유의 시작은 관계의 회복에서 시작된다.

의료 노트 중에서

자신의 고통을
품위 있게 극복하는 경우에는
스스로에 대해 만족감을 얻지만,

그렇지 않은 경우에는
평생 자기 실망감 속에서 살 수밖에 없습니다.
이보다 더한 고통은 없다 해도
과언이 아닐 것입니다.

진정한 건강을 위해서는 인간관계의 회복이 필요하다.
사람들과의 연결은 삶으로 의지를 이끄는 중요한 역할을 한다.

부족한 생활비를 타개할 특단의 조치

땅을 파고, 돈을 모으고, 건물을 세우고, 사람을 뽑고… 병원을 세팅하는 데 생각보다 시간이 오래 걸렸다. 2년에 걸쳐 여건을 마련할 수 있었다.

병원 문을 열자 하루에도 100명이 넘는 환자가 찾아왔다. 자원봉사 의사들과 자원봉사자 분들이 자신의 일처럼 도와주었지만 일손은 여전히 부족했다. 병원 식구 모두가 숨 돌릴 새 없이 일을 해야 했다. 아침저녁 할 것 없이 숨가쁘게 하루가 흘러갔다.

집에서 병원으로 오가는 시간마저 최대한 아끼기로 마음

을 먹었다. 할 수 있는 한 환자들 곁을 지켜야 했기 때문이다. 그러기 위해서는 병원 바로 근처에서 숙식을 해결해야만 했다. '주거 문제를 어떻게 해결할까' 고민하다가 묘안을 생각해 냈다.

병원에서 함께 일하는 동갑내기 친구들 가족과 살림을 합치기로 한 것이다. 친구들은 사회복지사와 간호조무사로 각각 일하고 있었다. 모두 결혼을 했고, 각 가정마다 아이도 한 명씩 있었다. 그러니, 도합 어른 6명에 어린아이 3명이 한 집에서 살게 되었다.

두 친구는 원래는 의료계와 상관없는 회사에서 사무직 직원으로 일을 하고 있었다. 그런데 무료병원을 설립하려다 보니 간호인력이 필요하여, 두 친구에게 간호조무사 자격증을 따서 함께 일해보지 않겠느냐고 제안을 하였었다. 간호조무사 자격증을 딴 두 친구들은 무료병원의 기틀을 잡고 운영하는 데 커다란 힘이 되어주었다.

세 가족이 함께 살자고 결정을 한 데에는 생활비 부담도 결정적으로 작용했다. 병원에서 받는 월급으로는 생활비를 감당하기 어려웠기 때문이다. 고민 끝에 서로 생활비 부담이라도 줄여보자고 뭉친 것이다.

병원 근처 방 3개가 있는 45평 아파트를 월세로 얻어, 한 가족이 방 한 칸씩 자리를 잡고 들어가 살았다. 우리는 밥도 같이 해 먹고, 아이도 함께 키우고, 병원도 함께 꾸려나갔다.

각자 너무나 바쁘다 보니 서로의 아이들을 돌보아주는 일종의 공동육아를 할 수 있었다. 당시 나의 첫째 아이는 고작 5살이었고, 두 친구의 아이들도 각각 7살과 8살이었는데, 덕분에 아이들에게도 없던 형제가 생긴 셈이었다.

병원을 세팅한다는 공동의 목표 아래, 삶은 병원을 중심으로 돌아갔다. 하루의 시간 대부분을 병원에서 보내고 나면 집은 마치 몸을 잠시 누이고 잠을 청하는 기숙사 같은 느낌이었다. 공동육아처럼 세 가족이 함께하지 않았다면 아이를 돌보기 어려웠을 것이다. 형제처럼 부모처럼 누군가 계속 곁에 있어준 덕분에 아이들의 성장에도 좋은 시간이 되어주었다.

그럼에도 한창 엄마 손을 탈 5살의 나이에, 하루에 엄마 얼굴 마주보는 시간이 얼마 되지가 않다 보니 저녁 식사를 하기 위해 집에 온 날이면 아들을 떼어놓고 가기가 여간 어려운 일이 아니었다. 저녁상을 물리고 나면 내가 곧 병원으로 다시 갈 것임을 감지한 아들이 투정을 부리기 시작하곤 했다. 의사로 일하고 있는 남편이 그 사이 아이를 보살펴 주고 공동육아를 하듯 서로의 아이를 돌보는 손길 덕분에 그나마 아이를 떼어놓고 갈 수 있었다.

그렇게 세 가족은 4년을 한 집에서 함께 살았다. 마지막에는 우리 가족만 그 집에 남게 되자 병원 꼭대기 방으로 살림을 옮겨 그곳을 집삼아 살았다.

힘들지 않았냐고 많이들 물어보지만, 돌이켜보면, 의사로서 한 인간으로서 그리고 부모로서 커다란 배움의 시간이었음을 깨닫는다.

의료 노트 중에서

치료받을 돈이 없어서
우리 병원에 오는 환자들이
점점 많아질 것 같습니다.
중증 가난한 환자를 효과적으로 치료할 수 있도록
나라에서 근본적인 체계가 만들어지기 전까지는
자원봉사 인력풀이 있어야 하겠습니다.
그런 체계를 세우고 잘 관리하는 것이
이 병원의 숙제입니다.

오른쪽 두 친구의 식구와 함께, 총 아홉 식구 세 가족이 한 집에서 살며 병원을 꾸려갔다.
세 아이들은 형제처럼 서로를 돌보며 지냈다.

"나 청송교도소에서 15년 살다 나온 사람이야"

환자가 위험한 상태에 빠지지 않도록 최선을 다해야 하는 의사가 어떠한 인간적 판단이나 신념과 맞닥뜨릴 때 과연 무엇을 먼저 존중해야 할까.

노숙인을 많이 만나다 보면 흉악범을 만나는 때는 없는지 사람들은 궁금해한다. 집 없이 지저분한 모습으로 정처 없이 거리를 돌아다니는 사람에게 어떤 흉악한 사연이 있으리라 사람들은 공포를 가진다. 그러나 겉모습만 보고 범죄를 저지른 사람인지 아닌지 알아낼 재간은 없다.

여성 의사라서 더 위험할 수 있겠다고도 말하지만 남성 의사라고 더 나을 것도 없었다. 다 늙고 망가져서 어디도 기댈 데 없이 마지막 동아줄을 붙잡듯 내게 온 환자들이 불쌍하다는 마음이 솔직한 심정이었다. 나를 함부로 대하고 공포스럽게만 구는 게 아니라, 약한 모습을 보이며 살려달라고 매달리기도 하기 때문이다.

병원 사람들이 '여포 아저씨'라고 부르던 분이 있었다. 본명은 따로 있었지만 병원에서 환자들과 의사들 사이에서는 여포 아저씨가 더 친숙한 이름이다.

여포 아저씨가 나타나는 날은 병원이 조용할 날이 없었다. 술을 마시고 출근하듯 병원을 찾아와서 기물을 파괴하기를 수차례 했다. 컴퓨터도 부수고, 병원 뒤쪽 철문도 부수고, 때로는 벽돌도 던져서 여기저기가 깨졌다. 매일 쫓아다니고 매일 전화를 했다. 휴일이면 병원 문을 꽉꽉 걸어 잠글 수밖에 없었다.

어느 날엔 술 마신 환자와 시비가 붙어서 목을 조르면서 크게 싸우려 들었다. 아저씨 눈에는 살기가 가득했다. 눈을 부라리며 그 억센 손으로 다른 사람 목을 움켜잡을 때면 정말 사람을 죽일 것만 같았다. 싸움을 말리느라 외래 환자가 많은 날에도 진료가 지연되는 날이 허다했다.

"살기 싫어서 더 마시는 거야. 몸 망가져서 죽으라고."

여포 아저씨는 심각한 알코올 중독이었다. 알코올 중독으로 인한 간경화와 누군가에게 찔렸는지 다쳤는지 혈흉도 심각했다. 수도 없이 우리 병원에 입원했다. 죽을 고비도 여러 번 넘겼다. 그러나 그뿐, 병원에 입원해도 술을 끊지 못하고 병실에서도 밤마다 몰래 술판을 벌이며 다시 원래의 생활로 돌아갔다.

아저씨는 거짓말을 스스럼없이 했다. 어느 날은 어머니가 목사였다가, 어느 날은 어머니가 의사였다가, 어느 날은 어머니가 자기를 버렸다는 둥 어디까지가 진실이고 거짓인지 몰랐다. 그 어머니가 진짜 어머니인지 아니면 양어머니인지도 모를 일이었다.

그러나 여포 아저씨에 관한 사실 하나만큼은 분명했다. 청송교도소에 15년인가 복역했다는 사실이었다. 사람을 때려서 죽였다고 했다. 사회로 나와 오갈 데가 없어진 여포 아저씨는 청량리 길바닥에 터를 잡고 생활했다.

현재는 명칭이 바뀐 청송교도소는 당시만 해도 흉악범들이 수감되는 장소로 유명했다. 구불구불 험난한 길을 지나야지만 다다를 수 있는 산골 오지에 있어 '육지의 섬'이라는 별명으로 불리기도 한 곳이다.

어느 날엔 진찰을 하다가 여포 아저씨 배와 등에 큰 흉터가 있는 것을 발견했다. 아저씨는 어깨에 힘을 주고 이야기했다.

"옛날에 힘 좋을 때 싸우다가 생긴 거야. 등 뒤에 꽂힌 칼이 관통해서 배 앞으로 나왔어. 그때 장이 배 밖으로 나왔잖아."

오른팔 손목에도 큰 흉터가 있었다. 자살하려고 동맥을 끊으려다가 잘못 찾아서 정맥을 끊는 바람에 꿰맨 흔적이라고 아저씨는 태연하게 말했다.

"나 사람 죽여서 청송교도소에 15년 살다 나왔잖아."

여포 아저씨는 자기가 옛날에 사람을 죽여서 청송교도소에 15년 복역한 사실을 때로는 자랑처럼 이야기했다. 그래서 자기는 언제라도 사람을 죽일 수 있는 사람이라고 과시라도 하듯 큰소리로 말하고 다녔다.

그러나 나는 알고 있었다. 아저씨가 사실 힘도 없고 용기도 없고 그저 폼만 잡고 싶다는 것을. 마음속에는 과거의 일로 인해 자기 인생이 망가졌다는 사실을 강조하고 있다는 것을 말이다. 겉으로 거들먹거리는 그도 결국 약한 사람임을 나는 보았다.

그렇지 않은 사람도 있지만, 노숙인 중에는 살인범을 비롯해서 온갖 파렴치범들이 섞여 있기도 하다. 심지어 살 의지가 없어서 끊임없이 자해행위를 하는 사람도 있는데 그들 가운데 누구를 치료할 것인가는 정답이 없는 논쟁거리다.

허구한 날 집기를 깨부수고 술주정하는 이 아저씨를 받아줄 것이냐를 두고 직원들 사이에서도 논쟁이 격렬했다. 난 환자가 나쁜 사람인지 좋은 사람인지 여부와 상관없이 병이 심각하고 치료를 통해서 호전될 가능성이 있으면 치료를 해야 된다는 입장이었다.

노숙인의 시간은 일반 사람들의 시간과 다르다. 일반인들보다 적게는 5~6배에 달하는 병이 있고, 합병증으로 사망에 이르는 시간은 상상할 수 없을 정도로 빠르기 때문에 고민하는 시간에 그만 죽음에 이르고 만다. 실제로 치료할 것인가 말 것인가를 두고 논란이 벌어지는 사이에 죽어 나간 이들을 많이 보았다. 그런 경험을 하고 나면 마음이 바뀐다. 의사라면 병이 중하냐를 먼저 따져야 한다고 생각했다.

그러던 여포 아저씨가 며칠 동안 두 눈에 시퍼렇게 멍이 들어 병원을 계속 돌아다녔다. 그런데 한눈에 보아도 행색이 심상치 않았다. 두 눈만 시퍼런 것이 아니라 얼굴색도 새까맸다. 빨리 입원하고 치료를 받아야 할 것 같았다. 간이 많이 나빠진 것 같았고 여기저기 아프고 힘들어 보였다. 몸이 많이 약해졌다는 것이 한눈에 확 띄었다.

젊은 시절의 여포 아저씨를 본 적은 없으나, 병원에서 처음 마주했을 때만 해도 그는 단단한 체구였다. 그 옛날엔 더 세상 무서울 것 하나 없이 거리를 누비던 체격을 가진 청년이었으리라. 그러나 그랬던 여포 아저씨도 50살이 넘으니 중독적으로 술을 마시는 몸에 간경화가 왔고 견디어내지 못하는 처지가 되었다.

그런 아저씨를 보니 흉악범이든 아니든 환자는 내겐 그저 환자일 뿐이라는 생각이 더 견고해졌다. 누구나 병들고 쇠하게 되면 과거에 흉악범이었든 아니든 돌봄이 필요할 뿐이라는 생각이 강해졌다. 내게는 병든 연약한 환자들일 뿐이었다.

두려움은 나의 선입견과 편견이 작동할 때 더욱 커진다. 병명을 진단하고 치료에 집중하다 보면 환자는 별 차이나지 않는 환자일 뿐이라는 것을 깨닫고는 했다. 한때 흉악범이었다는 환자를 대할 때 두려울 때도 있었지만, 환자를 만나고 아픈 몸을 치료하다 보면 그러한 것은 잊혔다.

의료 노트 중에서

아주 어려서부터 혹은 장성해서,
어떤 사건을 통해서,
부모를 통해서,
의미 있는 어른을 통해서,
배우자를 통해서,
학업을 통해서,
사업적 실패를 통해서,

자신의 이미지에 심각한 손상을 입어
거의 회복 불가능한 상태에 놓인 사람들을
만나고 보살펴야 합니다.

누구나 그런 상황에
놓일 수 있기 때문입니다.

인생을 살아가며
누구에게나
그런 시간이 존재할 수 있다는 것을
절실히 깨닫습니다.

술 마시지 않으면
말 한마디
못하는 깡패

평상시에 말 한마디 제대로 못 하고 필요한 요구도 못 하는 사람이라도 술을 마시면 그제야 속마음을 말하기도 한다. 제정신일 때는 보이지 않던 모습도 술만 마시면 드러나 괴팍하고 난폭한 사람으로 돌변하기도 한다.

    술이라는 껍데기를 치워버리고 나면 연약하고 나약한 자기만 남는 사람들이 있다. 외면하고 싶은 현실과 그 현실을 타파하지도 못하는 자신을 미워하며 술로 마취된 허상으로의 도피를 멈추지 못한다.

    답십리의 고시원에서 피를 토하고 죽은 채로 발견된 김

재권 씨도 그랬다. 병원에 처음 오던 날도 그는 피를 토하며 실려 왔다. 꽃샘추위가 만발하던 3월의 어느 날이었다.

김재권 씨는 2개월간 입원하면서 간성혼수 복수, 출혈성 경향, 식도정맥류 출혈 모두 잠시 안정 상태로 지냈다. 퇴원을 한 후로 술을 마시지 않으면 잘 지내는 것 같았다. 그러나 다시 술에 손을 댄 모양이었다.

그는 모든 병원에서 거부한 환자였다. 의료급여 1종 수급자였기 때문에 어느 병원에서든 치료를 받을 수 있는 환자였지만, 어느 병원에서도 그를 받기 싫어했다. 그 사람이 무섭고, 기물 파괴를 하고, 다른 사람을 이용할 줄 아는, 주위 사람들의 표현에 따르면 '개 같은 알코올 중독자'였기 때문이다.

그러나 나는 그가 무섭거나 개 같은 알코올 중독자라는 생각은 한 적이 없다. 그는 마음의 중심을 보는 사람이었다. 사람들이 그를 두려워하거나 외모로 판단하며 개 같은 알코올 중독자라 여기면, 그도 다른 사람을 개처럼 대했다. 선입견으로 인해 진심으로 이야기를 듣지 않는다면 개처럼 변할 것을 알기에, 편견도 선입견도 없이 대하려고 했다.

어떤 병원에서도 어떤 시설에서도 그를 진심으로 대하기

힘들어했고 대할 용기가 없었기 때문에 악순환이 더 반복되는 것 같았다. 그러나 김재권 씨는 적어도 우리 병원에 입원해 있을 때만큼은 천사같이 계셨다. 그분만큼 환자들 대소변을 잘 치우고 그분만큼 인간미가 넘치는 분도 없었다.

김재권 씨는 청송교도소에서 15년간 복역한 여포 아저씨와 의형제를 맺은 분이었다. 청송교도소에서 징역 15년을 함께 살았다고 했다. 무슨 이유에서인지 두 사람 다 사람을 죽였고 둘 다 깡패 출신에다 조폭의 두목이었다. 그리고 두 사람 다 신학대학 출신이었다.

여포 아저씨는 신학대학을 졸업했고 김재권 씨는 전도사 자격증까지 갖고 있었지만 신학대학을 3년밖에 못 다녔다. 4년을 다녀야 졸업을 할 수 있기 때문에 남은 1년을 마저 다니고 졸업하는 것이 그분의 소원이었다.

김재권 씨는 나에게 올 때면 언제나 말했다.

"저는 더도 말고 꼭 1년만 더 살면 돼요. 1년만 살려주세요."

졸업을 할 수 있다면 다른 것은 아무것도 바라지 않는다고 했다. 그렇게 김재권 씨는 자기 자신이 이야기한 대로 나를 만난 지 1년 만에 죽음을 맞이했다.

그 사람을 만날 때마다 견디기 어려운 처절한 외로움을 볼 수 있었다. 겉모습은 깡패고 껍데기는 힘이 있어 보였으나, 그의 내면에는 술을 마시지 않으면 말 한마디 제대로 하지도 못할 수줍음이 있었다. 그래서 내 앞에서 눈물을 흘리고 애원할 때면 마음이 참 많이 아팠다. 다른 사람들 앞에서는 껍데기인 깡패 모습만을 보여주고 으름장을 놓지만 속마음에는 용기 없음과 죄책감에 휩싸여 있었다.

맨정신으로는 무엇 하나 제대로 요구하지도 부탁하지도 못하는 사람이었다. 아무것도 얻어낼 용기가 없는, 그래서 술을 마시고 이야기할 수밖에 없는 연약한 모습을 나는 늘 보았다. 의사인 내 앞에서 환자는 약해질 대로 약해진 모습을 보이고 마음을 연다. 몸뿐만이 아니라 마음도 마찬가지다. 그렇게 불안해하고 아파했던 그도 입원해 있을 동안만은 평안하다고 말했다. 그리고 정말 입원해 있는 동안 많은 것을 느끼고 감사하다고 이야기했다.

그런 그는 고시원 방에서 피를 토하며 홀로 죽은 채 발견되었다. 죄책감과 자책감을 견디지 못하고 교도소에서 나온 뒤로도 계속 죽고 싶어서 술을 마신다고 했다. 죽어버리고 싶지만 자살은 못하고 술을 통해 일부러 스스로를 죽이려고 그렇게 하는 것 같았다. 인생의 반을 교도소에서 보내고 사회로 나와서 2~3년을 겨우 살다 인생을 마감했다.

    지은 죄를 잊지 못하고 스스로 목숨을 끊으려는 마음으로 술을 마시다가 죽어가는 사람에 대해, 본인이 스스로 선택한 자신의 삶에 대한 대가를 지불하는 것이라고 말하는 사람들도 있을 수 있다. 어떠한 판단이 있을 수 있을 것인가. 환자에게 감정을 반영하면 병이 보이지 않는다. 나는 병 들어 쇠약해진 환자가 살다 간 얼마간의 생이 다하는 순간에 의사로서 곁에 있었다면 좋았을 텐데 생각했다.

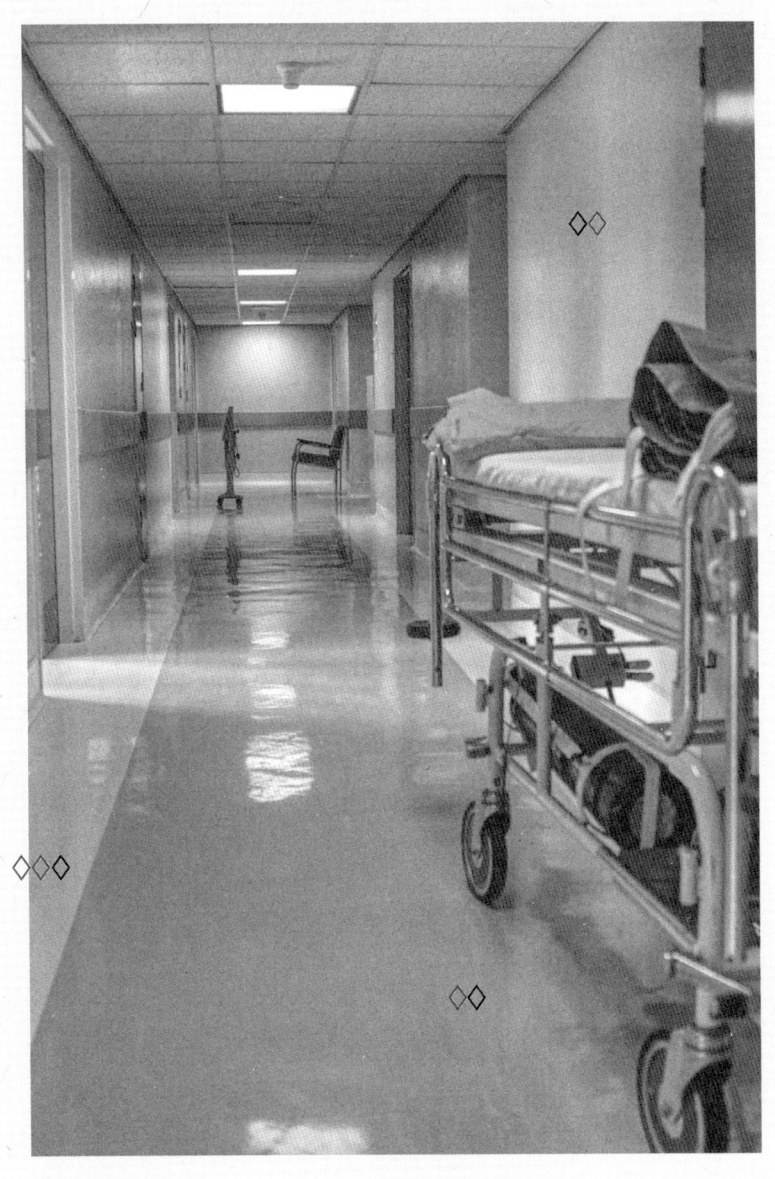

환자에게 개인적인 감정을 반영하면
병이 보이지 않는다.

괴로울 때는 있지만
밉지는 않다

난데없는 프러포즈로 병원 복도가 시끌벅적했다. 술을 잔뜩 마신 환자였다. 병원 간호사가 보고 싶어서 왔단다. 온 병원을 휘젓고 다니면서 의사며 간호사며 이름을 하나하나 호명해가면서 사랑한다는 말을 쏟아냈다. 소리를 지르는 걸로도 모자라 외래 간호사 한 명을 붙들고 껴안으려 해 제지했다.

취중에 있는 환자들을 만나면 별의별 소리를 다 듣게 된다. 나에게 사모님이라고 부르면서 같이 차 한 잔 하자고 하거나, 다른 환자를 때리겠다고 하며 엄포를 놓는 사람도 있고, 보디가드를 해주겠다고 하는 사람이 있는가 하면, 매일매일 전화하는 사람들도 있다.

평소에 술 취하지 않은 상태일 때는 참으로 얌전한 샌님 같고 다른 사람 눈치 보느라 바빠 용기가 없어 자기 이야기도 못하던 사람들이 술만 마시면 목소리에 힘이 들어가고 자신감이 넘친다. 할 소리 못 할 소리를 구분하지 못하고 떠드는 모습을 참 많이 본다.

이런저런 이야기를 듣다 보면 기가 막혀서 웃음도 안 나오는 때도 있으나 측은한 마음이 더 크다. 다들 외롭고 지쳐서 위로가 필요한 인생이었다.

"술에 취한 환자들은 진료 안 봅니다, 못 봐줍니다."

나름대로 원리 원칙을 세워서 그들을 가르치고 제어하려고 해도 쉽게 그리되지 않는다. 그들이 병원을 휘젓고 다니고 날마다 혼란 속에 빠뜨리는 일들을 겪으며 어느 순간 어쩌면 이것이 당연한 모습이라고 받아들이게 되었다. 그들도 병원을 사랑하고 소중히 여기고 있다는 것을 안다. 과한 행동을 하는 환자들을 보며 그들에게 지나친 주인의식이 있다는 생각을 하게 된다.

다일천사병원이 세워지기까지 수많은 후원자들과 수많

은 자원봉사자들이 있었다. 오랜 세월 동안 많은 분들이 기대감을 갖고 있다는 사실을 발견하고는 참 많이 놀라웠다. 많은 분들이 병원에 대해 커다란 기대감을 가지고 있었다. 알코올 중독자들과 노숙인들이 너도나도 이 병원에 오면 살 수 있을 것이라는, 언젠가 재활에 성공할 수 있고 삶을 되찾을 수 있을 것이라는 기대감을 가지고 있었다. 감사하기도 하고 두렵기도 했다. 그분들의 꿈을 깨뜨리고 싶지 않았다. 그분들의 바람을 저버리고 싶지 않았다.

살고 싶은 소망 하나 없이 매일매일 술을 마시며 마음 하나 붙일 곳이 없어서 청량리역 광장을 헤매다가 날마다 출근하듯 병원을 찾는 환자들을 보면 괴로울 때는 있지만 밉지는 않았다.

누군가는 묻는다.

"그런 환자들까지 도와줄 필요가 있나요?"

나도 그런 생각을 했던 적이 있다. 목숨을 구해주었더니 보따리를 내놓으라고 하고 화를 버럭버럭 내는 환자를 마주할 때면 화가 날 때도 있었다. 충분히 능력이 되어 보이는데도 재활의 의지가 없는 사람들을 볼 때면 답답함을 느낄 때도 있었다.

환자들에 대한 여러 가지 생각과 감정으로 뒤범벅이 되기도 했다. 때로는 나도 환자들을 대면하고 싶지 않아서 외면하다가 병을 진단하는 과정을 놓칠 뻔하기도 했었다. 이런저런 것을 따지고 판단하고 있는 내 자신이 너무나 힘들었다.

그러나 어느 순간 깨달았다. 환자는 도덕성이나 인간성과 관계없이 그저 환자일 뿐이라는 것이다. 나는 의사로서 환자의 병을 진단해야 한다. 진단하여 치료할 수 있는 병은 치료하고 치료할 수 없는 병은 치료할 수 없다고 알려주는 것이 내 몫이었다.

치료를 받을 만한 값어치가 있다고 판단될 만한 의인이어서 치료를 받아야 할 경우도 없었고 너무나 악한 인간이어서 치료를 못 받을 만큼의 죄인도 없었다. 치료받을 값어치가 우리의 선함과 악함, 실수 여부와 태도에 따라 달라진다면 마땅히 치료를 받아야 할 사람은 단 한 사람도 없을 것이다.

환자는 환자다. 병의 경중에 따라 정확하게 치료받아야 하는 권리가 있다. 그것을 해내는 사람이 의사라는 것을 이 일을 할수록 더 많이 깨닫는다.

그것이 진정한 의사다움이고 인간다움이다. 외면받는 사람, 버려진 사람, 마음 붙일 곳 없는 사람들이 아픈 몸 하나 누일 곳 없어 헤맬 때 그들이 기댈 어깨 하나가 되어주고 함께 살아가는 방법을 모색하고 실천하고 싶다.

의료 노트 중에서

제가 무엇을 이뤄내야
한다는 생각은 없습니다.
그저 매순간마다
제가 만나는 사람들과
마음을 다해 대화를 하며
생명을 전하는
한 사람이 되길 원할 뿐입니다.

그렇지 못할 때 숨이 막히는 듯한
답답함을 느끼기 때문에
견디기 힘든 것이겠지요.

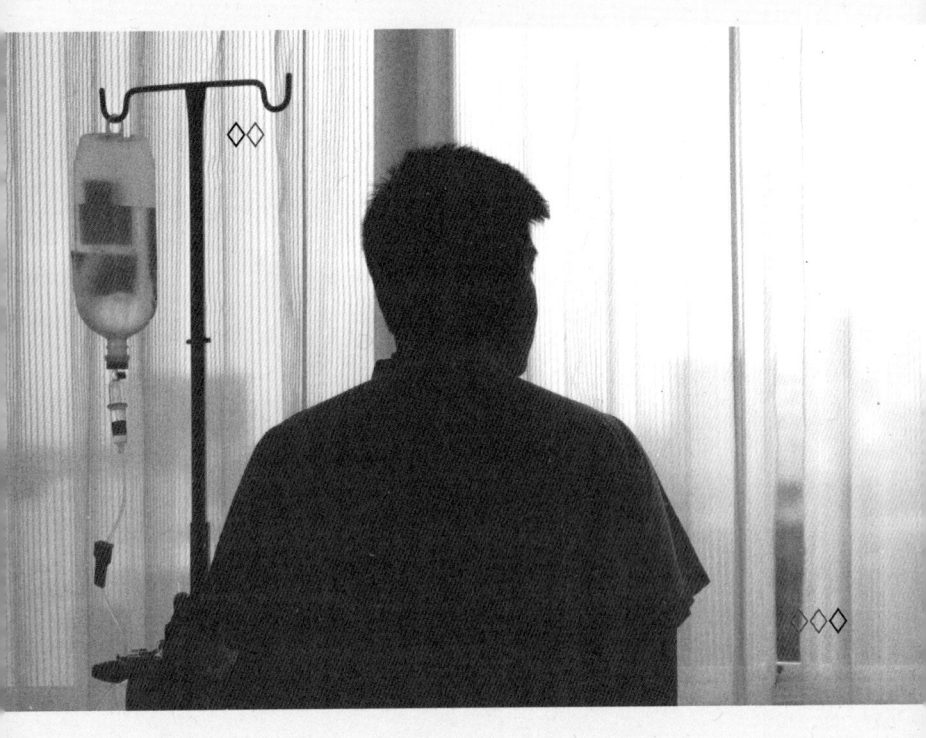

기댈 어깨 하나가 되어주고 싶다.
함께 살아가는 방법을 모색하며 실천하고 싶다.

"우리 사장은 나 치료 안 해줘요"

어느 외국인이 병원 의자에 망연자실한 채 앉아 있었다. 커다란 눈에서 눈물이 뚝뚝 흘렀다. 한국에 일하러 왔다는 그는 일을 하다가 프레스기에 그만 네 손가락을 잃고 말았다.

"우리 사장은 나 치료 안 해줬어요. 그래서 이 병원에 왔어요. 사장은 내 전화도 받지 않아요."

일을 하다가 사고를 당했는데도 사장은 어떤 조치도 취하지 않았다고 했다. 한국에서 산재를 당한 외국인 근로자들은 대부분 불법체류를 이유로 아무런 보상을 받지 못하는 경우가 있다.

"마음이 아파요."

이야기를 하면서 그는 또다시 흐느꼈다. 가족이 생각나는 모양이었다. 일해서 돈 벌겠다고 한국에 온 지 1년도 되지 않았다. 부인과 아들을 건사하기 위해 홀로 먼 땅에 왔다고 했다. 그런데 한쪽 손가락 4개가 잘려져 나갔으니, 그 마음이 얼마나 쓰라리고 처참할까.

상처는 언젠가 낫는다지만, 가슴에 맺힌 울분은 어떻게 풀어줄 수 있을까.

한 시간 뒤, 응급실로 또 다른 외국인 환자가 실려 들어왔다. 외국인 근로자를 돕는 단체의 도움으로 병원에 온 환자다. 봉제공장에서 일해온 몽골 청년은 얼핏 보기에도 얼굴과 몸이 심하게 부어 있었다.

검사를 해보니 양쪽 신장이 다 망가져 있었다. 그런데도 아직까지 한 번도 투석을 받지 못했다고 했다. 이전에 치료를 받으러 갔던 병원에서는 투석을 하지 않아도 된다고 했단다. 그러나 수치는 급한 상황을 이야기하고 있었다.

"왜 이 상태가 될 때까지 투석을 안 했지요? 도저히 이해가 되지 않네요."

그러나 우리 병원에는 투석의료장비가 없었다.

"투석해야 할 환자가 있으면 전화로 요청해도 된다고 하셔서 전화를 드렸어요."

이럴 땐 다른 병원에 도움을 청하는 것도 나의 일이다.

그날 밤 8시, 다행히 투석병원이 연결되어 몽골 청년은 차를 기다리고 있었다. 그 사이 몽골 청년의 아버지가 아들이 병을 얻었다는 소식을 듣고 몽골에서 한국의 병원까지 먼 길을 찾아왔다. 아버지가 간직한 사진 속에서 몽골 청년은 건강한 모습이다.

건강하던 아들은 장밋빛 꿈을 안고 한국으로 떠나더니 1년 만에 큰 병을 얻었다. 이제 신장이식을 받지 못하면 평생 투석을 받아야만 한다. 아버지는 눈물을 멈출 줄을 몰랐다.

과도한 노동을 하게 하고, 위험하고 힘든 일을 도맡아 하게 하면서도 사고가 나면 나몰라라 하는 등 비합리적이고 비윤리적인 사건이 비일비재 했던 시절이다. 온전한 몸일 때도 치료를 제때 잘 받기가 어려웠지만 궁지에 내몰려 불법체류자 신세가 되고 나면 치료는커녕 제대로 받아주는 곳조차도 없었다. 2004년까지도 그랬고 이후에도 그랬으니 그리 옛날의 일도 아니다. 지금은 그때보다는 나아졌겠지만 얼마나 법이 마련되어 이분들을 잘 보호하고 있는지는 잘 모르겠다.

어느 병원에서도 질병이 있다고 해서 외국인 불법체류자들을 선뜻 받아 치료해주기가 어려운 이유는 법적인 대책이 없기 때문이다. 그러나 법적인 대책이 없다고 해서 아픈 사람이 마냥 떠돌도록 내버려둘 수는 없다. 누군가는 그들을 보호하고 생명을 구하는 데 최선을 다해야 한다. 죽음을 맞이할 수밖에 없다면 끝까지 그 사람을 책임져주고 그들이 피할 곳이 되어주어야 한다. 그 역할을 잘하고 싶었다. 선한 사마리아인처럼 아무런 편견과 두려움 없이 그들을 대할 수 있기를 바랐다.

영어, 몽골어, 중국어, 러시아어⋯ 수십 통의 전화

병원을 찾는 분 가운데는 한국말을 잘 못하는 외국인도 많았다. 영어를 조금이라도 할 줄 알면 좋겠지만 그런 경우는 거의 없었다. 내가 몽골어며 우즈베키스탄어며 능통하다면 좋겠지만 그런 노릇도 못 되니 여간 답답한 것이 아니었다.

한국어, 영어, 몽골어, 중국어⋯

하루에도 몇 개나 되는 언어로 이 사람 저 사람이 이야기를 건네오고 전화를 걸어오는 일이 다반사였다. 듣도 보도 못한 사람들에게서 하루에도 전화가 수십 통씩 왔다. 오후 1시부터 6시까지 이래저래 말이 안 통하는 사람들을 연달아 50

명쯤 만나고 나면 기력이 쇠진했다.

요즘은 구글 번역이나 휴대전화 애플리케이션 등 좋은 도구들을 활용해 외국인과 어렵지 않게 소통을 할 수 있지만, 당시엔 그런 통역의 도구가 될 만한 것이 없었다. 이런저런 수를 써도 도무지 말이 통하지 않을 때는 이 나라 저 나라 의사들에게 영어로 편지를 썼다. 해외 의사들에게 편지를 쓰고 나면 시설장과 관공서에 편지를 썼다.

대한항공, 아시아나항공, 경찰서, 검찰청…

하루에 편지를 수십 통 쓰는 날도 있었다. 어떤 날에는 말이 통하지 않아서 통역을 해주는 분과 전화를 하면서 진료를 보기도 했다. 그러고 나면 정말이지 정신이 쏙 빠졌다.

병원에는 다양한 국적의 사람들이 한 공간에서 어우러져 지냈다. 가나인, 러시아인, 고려인, 몽골인, 중국인 그리고 우리나라 사람들로는 알코올 중독 노숙인과 독거노인, 영세주민 등 다양한 사람들이 각자 자기만의 사연으로 다치거나 병을 얻어 치료를 받았다.

어려운 처지에 있는 외국인과 신뢰하는 관계가 되고 나면, 그 외국인은 주변에 자신처럼 어려운 처지에 있는 같은 국적의 사람들을 데리고 오곤 했다. 그들과 한 번 믿음이 쌓이면 전폭적인 신뢰를 주어서, 이 병원과 내가 해주는 치료가 최선의 것이라는 믿음을 가지고 있었다.

어느 날, 병원에 외국인 환자 한 명이 왔다. 발은 동상으로 썩어 있었고 몸은 급성신부전, 급성췌장염, 알코올성 간경화 등을 앓고 있었다. 다른 대학병원에서 응급치료만 며칠 한 뒤 우리 병원으로 이송된 환자 니콜라이 씨였다.

니콜라이 씨는 러시아어밖에 할 줄 몰랐다. 나는 러시아어를 한마디도 할 줄 몰랐지만 다행히 병원에 입원해 있는 사람 중에 러시아어를 할 줄 아는 사람들이 있었다. 니콜라이 씨가 다른 병원 중환자실에 있을 때는 말이 안 통해서 손과 발이 묶여 지내다가 우리 병원에 오고야 비로소 다른 외국 환자들이 그의 입이 되고 손과 발이 되어주었다.

대소변도 가리지 못하는 위중한 환자에게 일러줄 것도 소통해야 할 것도 여러 가지라 그 나라 말을 하는 사람이 있다는 것은 참 소중했다. 신기하고 감사하게도, 위중한 외국인 환자가 올 때마다 그 나라 말을 할 줄 아는 다른 사람이 늘 함께 입원해 있어서 손과 발이 되어 소통을 해주곤 했다.

우리나라 말을 할 줄 모르는 외국인 환자들은 니콜라이 씨 말고도 여럿이었다. 돈을 벌기 위해 낯선 땅에 왔지만 몇 개월 동안 돈도 제대로 못 벌어보고 환자가 되고 불법체류자가 된 사람들이었다.

건강할 때는 이런저런 일을 닥치는 대로 할 수 있었다. 그러나 대부분 우리나라 사람들은 기피하는 어려운 일이거나 몸을 쓰는 일인 경우가 많아 다치기 쉬웠다. 일을 하다가 몸에 조금이라도 병이 있으면 일자리에서 쫓겨나기 십상이었다. 몸도 아픈데 수입도 없으니 오갈 데가 없어져 외국인 불법체류자에 외국인 노숙자 신세가 되어버리는 것이다.

사실 외국인 불법체류자와 노숙인은 경계가 없었다. 불법체류자 신세가 되면 오갈 데가 없어지니 노숙인이 되는 건 시간 문제였다. 여름은 그나마 그럭저럭 지내던 분들에게도 한국의 겨울은 혹독했다. 한파로 매서운 한겨울에 길에서 오래 생활을 하면 발은 동상에 걸려 썩기 십상이었다. 누구 하나 보살펴주는 이 없으니 치료받지 못한 병들은 누적된다. 건강하던 사람들이었는데 한순간에 죽음에 가까워지는 경우도 많이 보았다. 죽음을 목전에 둔 사람들의 선한 이웃이 되는 것이 병원에서 내가 해야 할 역할이었다.

병원에는 1,000여명이 넘는 외국인 환자들이 등록되어 있었다. 어떤 외국인 환자들이 언제 외국인 노숙자가 되어 내 앞에 나타나게 될지 몰랐다. 병원에 어떤 외국인 환자가 오더라도 마음놓고 수술 받을 수 있기를 바랐다.

만약 더 이상 손쓰기 어려운 상태로 병원에 오신 분들은 그분들의 마지막을 함께 보낼 수 있도록 호스피스케어 역할을 하기도 하며 죽음을 잘 맞이할 수 있도록 도왔다. 그 분들을 위한 장례와 본국으로의 시체 송환과 가족들을 찾을 수 있는 준비 등을 제대로 지원하도록 애썼다. 그러기 위해서는 여러 공공기관을 비롯한 민간기관들과 협력이 필요했다. 전문 영역의 네트워크 형성이 반드시 필요한 것이다. 외국인 노동자 등을 포함한 의료취약계층의 질병은 단순히 진료만으로 해결될 수 없다. 사회적이고 법적인 제도가 뒷받침되어야 한다.

생의학적인 공부를 통한 질병에 대한 이해만으로는 결코 문제를 해결할 수도 환자들을 도울 수도 없다. 이 환자들의 질병은 생의학적인 원인, 심리적 원인, 사회경제 구조적인 원인, 법적이고 제도적 원인들이 복잡하게 얽혀 있는 총체적인 문제를 안고 있기 때문이다.

질병뿐만 아니라 사회구조와 인식에 대한 문제까지 얽혀 있으므로, 무엇보다 중요한 것은, 사회를 구성하는 한 사람 한 사람이 고통받는 이들을 어떤 인식을 가지고 어떤 시선으로 바라보느냐다. 그에 따라 이들의 질병의 파악과 치유, 그리고 사회로의 복귀에까지 아주 지대한 영향을 끼치고 다른 결과를 가져오게 될 것이다.

의료 노트 중에서

자신의 삶을 파괴하고
없애버리고 싶어 하는 사람들…
다시 살고 싶다는 마음이 들게 해주는 것.
그것이 가장 어렵다.

하루에 편지를 수십 통 쓰는 날도 있었다.
어떤 날에는 말이 통하지 않아서 통역을 해주는 분과 전화를 하면서 진료를 보기도 했다.

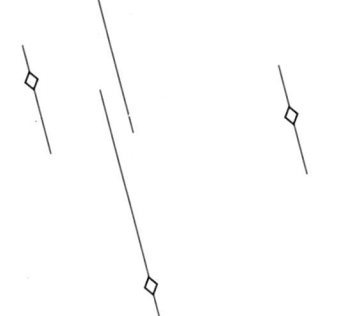

인간의 고통을 총체적으로 이해해야 한다

고통은 각 개인이 겪는 문제다. 그러나 고통에 대한 의학적인 치료는 의사와 환자가 만나는 인간적인 과정이다. 단순한 내과적·외과적인 개입이 아닌 신뢰를 바탕으로 한 인간적인 관계가 엄청난 영향을 미치고 있음은 의료 현장에서 어렵지 않게 경험할 수 있다.

인간사는 단순히 분리된 사실들의 집합이 아니다. 인간의 인생에서 각 부분들이 긴밀하게 얽혀 서로 영향을 주고받는다. 그러므로 환자의 상태를 알기 위해서는 그 사람 전체를 한 덩어리로 생각해야 한다. 고통이 질병이나 통증 등 그 어떤 것에서 유래되었든지 간에 그 고통은 육체가 아닌 인간 그 자체에 가해진다. 인격에 중대한 영향을 미치는 것이다.

운동을 꾸준히 하고 영양분이 좋은 음식을 섭취해 몸을 변화시키면, 자아에 대한 인식 또한 긍정적으로 확대된다고 익히 알려져 있다. 반대로, 몸에 어떤 손상이 가해져 부정적인 변화가 일어나면 자아는 부정적으로 축소되고 손상될 수 있다. 만성인 질병을 지닌 환자가 고통스러워 하는 이유는 사회와 집단이 정상이라고 규정해놓은 기준과 질병으로 인한 신체적 제약 조건이 환자의 내면 안에서 갈등을 일으키기 때문도 주요하다.

상반되는 요구에 대한 충돌과 모순이 내면화되면 인간은 자신의 가치를 평가절하하고 위협받으며 내면의 고통을 받게 된다. 이는 신체의 회복에도 악영향을 미친다. 그러므로 질병을 치료할 때는 환자의 고통에 대해 총체적으로 이해할 필요가 있다.

내가 지금까지 만나왔던 대부분의 환자들은 일반병원에

내원할 수 없는 의료보험 제외 환자들이었다. 의료보험카드가 없고, 가족이 없고, 돌보아줄 인간관계를 상실했으며, 병원비를 지불할 능력이 없는 사람들이었다. 지속적으로 이 분들을 치료하다 보니, 겉으로 드러난 질병을 악화시키는 복잡한 내·외과적 질병, 정신과적 질병, 신경과적 질병에 대해 알게 되었고 총체적인 사회구조적인 문제들에 대해서도 고민하게 되었다.

현대 의료의 일부는 절차, 과정, 내용 등 모든 것이 다양화되고 신속화됨에 따라 기계화되는 것이 불가피한 경우도 있다. 그러나 의료가 본질적으로 의료인과 환자라는 인간관계에서 출발한다는 것을 잊어서는 안 된다. 과학과 기술에 대한 현대의학의 의존도가 아무리 높다 해도, 심각한 질병과 고통에 시달리는 환자 앞에서 그 환자와 인간적인 관계를 맺은 의사를 대체할 수 있는 것은 없다.

고통은 각 개인의 문제이지만 의학적인 치료는 의사와 환자가 만나는 인간적인 과정이다. 환자가 자신의 증상에 대해 솔직하고 편안하게 의사에게 이야기할 수 있어야 제대로 질병을 진단할 수 있다. 특히 중증 질병을 앓고 있거나, 감정적으로나 사회적으로 또 경제적으로 소외를 많이 경험하거나, 의사소통에 문제가 있을 경우 의사에게 기대려는 경향이 강하기도 하다. 그런 만큼 상처받기도 더욱 쉽고 신뢰관계를 형성하는 데 시간이 더 필요할 수도 있다.

내가 만난 환자들은 사고 수준과 의사소통 수준이 다양했다. 의료 현장에서 각 환자의 생활상과 질병의 연관성을 이해하고 연구하려면 환자와 교감하려는 노력과 훈련이 필요하다. 이를 통한 관계형성이 중요했다.

환자들과의 관계형성뿐만 아니라 다른 기관들과의 네트워크 형성 또한 아주 중요했다. 진료를 하고 치료를 하면서, 환자 한 사람을 위해 얼마나 많은 공공기관이나 민간기관과 협력해야 하는지를 경험했다. 단순한 의료적 개입을 넘어서서 신뢰와 관계와 협력과 제도적 뒷받침이 얼마만큼 질병의 치료에 커다란 영향을 미치는지를 의료 현장에서 흔히 겪을 수 있었다.

한 사람을 치유에 이르게 하기 위해서는 인간의 고통에

대한 종합적인 이해가 필요하다. 또한 사회적으로나 제도적으로 이들의 삶을 품어 안을 수 있는 환경이 만들어지는 것 또한 중요하다. 개인의 힘으로는 어찌할 수 없는 일들로 인해 평범한 이들이 돌봄받지 못하는 고통에 내몰렸을 때, 많은 사람들이 자신의 삶의 자리에서 이들을 배제시키지 않고 더불어 사는 길을 선택하기를 소망한다.

의료 노트 중에서

누구나 살아가며
인생에 버거운 순간,
어려운 시간이 찾아옵니다.

그러한 때에,
주저앉아 아무것도 하기 싫은 날이더라도

자신의 일상을 지탱하는
기본만큼은
포기하지 않고 붙들어야 합니다.

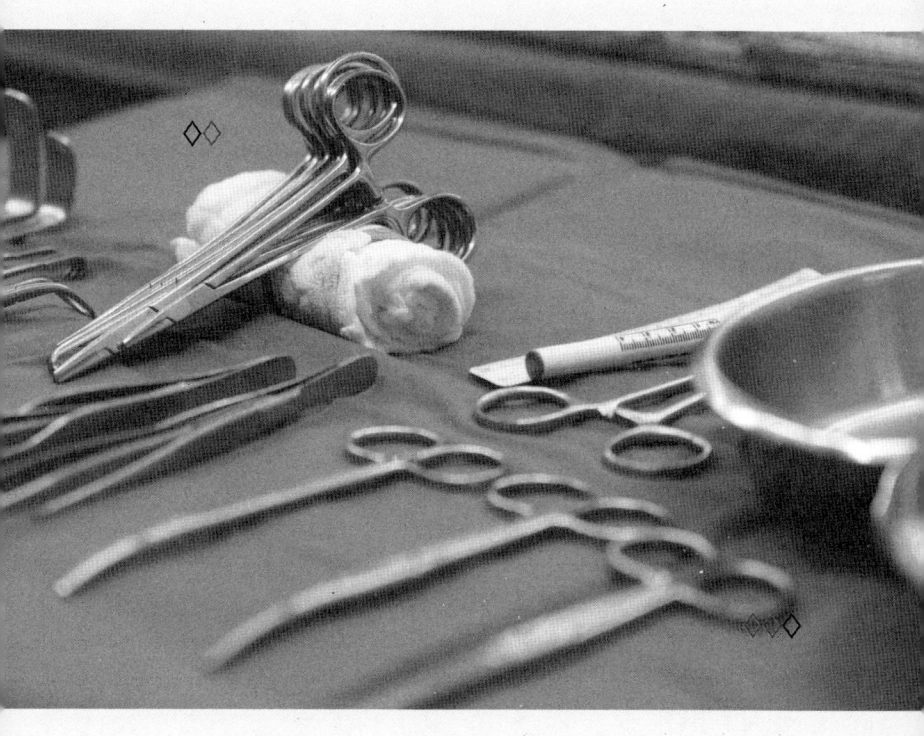

육체적 질병과 정신적인 질병은 사회적인 여건들과 서로 연결되어 있어서
서로에게 영향을 주기 때문에 함께 치료해야 한다.

어느 날
아이를 임신해온
노숙인 커플

우리 병원에서 커플이 된 사람들이 있다. 새로운 사람을 만난 이후로 전에 없던 삶의 의지를 보이며 연인으로 맺어진 분들이다. 병원에서 그렇게 만나게 된 커플이 3쌍 있었는데, 모두 50대 안팎의 늦다면 늦은 나이에 만나 연인이 된 커플이었다.

그중에서도 병원 모든 직원이 최고의 닭살 커플이라고 칭하던 커플이 있었다. 진료대기 시간이나 진료시간 내내 두 사람은 꼭 붙어 서로를 "자기야, 자기야" 부르며 챙기는 모습이 애틋했다.

남자가 처음 병원을 찾았을 때만 해도 소위 깡통거지였

다. 가진 돈 한 푼 없지만 돈을 벌 궁리도 하지 않았고 노력도 하지 않았다. 그에게는 알코올 중독 증세도 있었다.

어느 날 그 남자는 한 여자를 만났다. 여자를 만난 이후로 남자는 열심히 막노동을 하기 시작했다. 그렇게 번 돈을 몽땅 이 여자에게 갖다 바쳤다.

여자는 눈이 약간 사시였다. 남자에 비해 덩치도 몸무게도 두 배는 되어 보였다. 그리고 누구를 만나도 조잘조잘 이야기를 잘하는 여지없는 푼수였다. 약간 조현병이 있어 대화를 하다 보면 이해하기 어려운 부분이 많기도 했다.

여자가 말하기를 본인에게는 대학에 다니는 아들이 하나 있었다고 했다. 그러나 무슨 이유에서인지 이혼을 하고 집을 나와 거처 없이 떠돌아다니며 노숙인으로 지내는 중에 이 남자를 만났다고 했다.

어느 날이었다. 여자의 어머니와 전 남편이 병원으로 나를 찾아왔다. 그러고선 여자를 찾아내라고 난동을 부리기 시작했다. 한바탕 난리가 난 이후 알아보니, 커플이 된 남자와 여자가 지방 어딘가 멀리로 이미 달아났다고 했다. 야반도주였다.

한바탕 소동이 일어난 이후로 한동안 두 사람 이야기를 듣지 못하다가 여자가 어느 날 불현듯 나를 찾아왔다. 둘은 지방 어느 곳에 자리를 잡고 아기자기 잘 살고 있다고 했다. 그러면서 여자는 임신을 했노라 이야기를 꺼냈다.

임신을 하고 건강을 살피기 위해 나를 찾아왔던 것이다. 여자의 나이 이미 50대였다. 여자는 몸무게가 80킬로그램이 넘었고 혈압약을 먹고 있었으며 자궁근종을 갖고 있었다. 고혈압과 자궁근종 때문에 출산 시 제왕절개를 해야 할 것 같았다. 노산인데다 몸도 성치 않아서 아기를 낳고 많이 힘드실 것 같아 걱정이 되었다.

그런데 여자는 아이를 가졌다는 사실에 너무나 행복해했다.

"아빠가 되는 것이 이렇게 기쁠 수가 있을까요?"

남자도 너무나 행복해했다.

다행히 여자에게는 전입할 주소지가 있었고 임신과 출산 등의 과정을 밟을 수 있도록 지방에서 다소간의 여건도 마련해 두었다.

남자는 더 이상 길거리 생활을 하지 않았다. 여자를 생각하여 열심히 막노동하며 돈을 벌고 있다고 했다. 여자의 남편으로서 그리고 태어날 아이의 아버지로서의 삶을 선택한 것이 보기 좋기도 했지만 한편으로는 걱정이 되기도 했다.

과연 이 관계가 오래도록 잘 유지될 수 있을까? 아이와 산모는 건강할 수 있을까? 남편은 지속적으로 끝까지 새로운 가족을 위하며 살아가게 될까?

알코올 중독에서 헤어나오지 못하고 혼자 삶을 마감하는 것과는 비교할 수 없는 삶이지만 새로운 가족을 만들고 함께 살아가는 삶을 잘 유지하실 수 있을지 한편으로는 염려가 되었다.

진료를 마치고 돌아가는 부부를 바라보며 나는 의구심을 거두고 간절히 바라는 마음을 키웠다.

'새로운 가족 안에서 남자가 다시 알코올 중독자가 되지 않고 함께 살아갈 수 있기를….'

무엇이 그토록 변화하지 않던 사람을 변화의 길로 이끌었을까? 노숙인은 집이 없는 사람으로 인식되지만, 핵심은 인간관계가 없다는 데 있다. 인간관계가 파괴된 이들이 돌고 돌아 노숙인이 된다. 여러 가지 이유로 자신의 이미지에 심각한 손상을 입어서 거의 회복 불가능한 상태에 놓인 사람들이 이혼하거나, 가족에게 버림받거나, 가출하며 인간관계가 파괴되어 거처 없이 떠돌이 생활을 하는 경우가 많다. 가족, 친구 등 의미 있는 인간관계가 파괴된 사람은 사람다운 삶에서 멀어지기가 쉽다.

치료와 치유는 관계 맺음부터 시작한다. 곁에 있는 사람의 온기가 세상을 살아갈 힘을 키워줄 수 있다.

나이가 들어도 젊어도 타인의 온기가 필요하다

김선옥 할머니는 못 사는 사람들에게 흔하게 있는 병은 다 있었다. 퇴행성관절염으로 다리에 완전히 변형이 와서 걷기조차 힘들어했다. 지팡이가 있어야 그나마 중심이라도 잡고 걸음을 뗄 수 있었다.

거기다 만성 C형 간염에 간경화 초기 증세도 있어, 내원할 때마다 고혈압약과 당뇨병약을 한보따리씩 싸가지고 가셨다. 링겔주사, 알부민주사, 보혈주사 등은 정식 허가를 받지 않은 곳에서 저렴한 가격으로 맞으면서도 정작 병원에 가지 않은 지는 몇 십 년 된 분이었다.

할머니는 월세방 하나를 힘들게 얻어 살아가셨는데, 이야기를 하다 보면 자식이 있는 것 같기는 했다. 그러나 연락을 안 하고 산 지 족히 몇 십 년은 된 것 같았다. 형편이 좋지 않음에도 의료급여 1종 수급자가 되지는 못했는데, 그러지 못할 여러 가지 이유가 많았던 것 같다.

어느 날 할머니는 젊은 청년 한 명을 병원으로 데리고 왔다. 34세 된 청년이었다. 그는 눈은 사시고 귀는 한쪽이 작았다. 말을 알아듣기는 하지만 귀가 잘 안 들렸다. 목소리는 거의 소리만 내는 정도였고 말을 할 줄은 몰랐다. 할머니는 그 장애 청년을 '아가'라고 불렀다.

청년은 4세 때 부모가 길에 버렸다고 했다. 아마도 그 청년이 4세 때라면 1970년 초반이었을 텐데 그 당시는 집안에 장애아가 있으면 몰래 버리는 일이 다반사던 시대였다. 혹은 출생신고를 안 하고 숨겨놓고 키우는 경우들도 있었다. 장애가 있는 자식을 다락방에 숨겨놓고는 몰래 밥을 주고 요강을 통해서 대소변을 해결해주면서 키우는 경우도 더러 있었다. 그러다가 아이가 자라나면 밖으로 내보내기도 하고 부랑인

시설에 보내 지내게 하기도 했다.

이 청년도 그런저런 일들을 다 겪은 듯 싶었다. 그러다가 최근에 길에 나와서 생활하는 청년을 할머니가 불쌍히 여겨 본인 월세방에 거둬다가 함께 지낸 지 몇 달째였다.

"하루에도 수십 번씩 게거품을 물고 지랄을 해요."

할머니 표현에 의하면 청년은 무섭게 얼굴이 변하고 입에 거품을 물고 전신 발작을 한다고 했다. 진료를 해보니 청년에게는 간질병이 있었다. 신경과 자원봉사 선생님의 조언을 받아서 간질약을 처방해주었고 할머니는 청년에게 꼬박꼬박 약을 챙겨 먹였다. 할머니는 청년이 약을 먹은 다음부터는 '그 지랄'이 싹 사라졌다고 했다. 덕분에 나는 할머니의 명의가 되었다.

몇 달 지나 다시 만난 청년은 변해 있었다. 말도 한마디 못하던 청년이었는데 이제 할머니를 '어머니'라고 부르기 시작했다. 할머니도 홀로 살다가 말년에 함께 살아가는 아들을 두게 되었다.

"얼굴 모양이 남다르고 말은 좀 어눌해도 천성은 얼마나 착한지 몰라요."

할머니는 병원에 내원할 때마다 청년 자랑을 한가득히 늘어놓았다.

할머니는 청년이랑 같이 살기 전보다 함께 살고 나서 얼굴이 확실히 많이 밝아졌다. 홀로 다닐 때는 너무 힘들어 보였는데 함께 더불어 살아가는 사람이 생겨 활기를 찾은 것이 얼마나 보기 좋았는지 모른다. 진료를 받고 집으로 함께 돌아가는 모자를 바라보니 마음이 뜨끈해졌다.

사람이 사람답게 살아간다는 것은 뭘까?

나이가 들어도, 나이가 젊어도 다른 사람들과 부대끼며 살아가는 것이 인생이 아닐까 한다. 사람은 태어나서도, 살아가면서도, 그리고 마지막까지도 혼자서 살아가기는 어렵다. 타인의 온기가 필요하다.

의료 노트 중에서

어린아이처럼 떼를 쓰는 모습으로 나타나고
때로는 눈물 콧물 흘리면서
내 앞에서 우는 환자들을 보면
어찌 해야 될지 난감할 때도 있었습니다.
그러나 진료를 하고 대화를 하다 보면
그분들의 속마음 이야기가 보입니다.

죽을 용기도 없고 정말 살고 싶은데
사는 게 너무 힘들다는 말입니다.

"강력계
형사입니다"

 의사로 일하면서 강력계 형사들을 여럿 만났다. 환자들은 때로는 피해자로 때로는 가해자로 연결되어 있었다. 병원에 한 번이라도 다녀간 분들이 길에서 죽어서 발견되어 형사들이 찾아오기도 하고, 살인사건 등 크고작은 사건에 연루된 분들로 인해 만나기도 했다. 혹은 병원에서 내어준 진단서로 누군가를 고소하거나 하면 참고인조서를 쓰기 위해서 경찰서나 검찰청 같은 곳에서 전화가 오기도 하고 또 사람들이 찾아오기도 했다.

 나는 동사무소, 대사관, 그리고 외국인 노동자나 환자들이 일하는 건축회사 사장님, 혹은 숙박과 식사를 해결해주는 시설의 장들에게 이 사람이 일할 수 있는지 없는지, 감염성 질환이 있는지 없는지, 공동생활이 가능한지 아닌지에 대해 하루에 평균 3~4통 이상 편지나 진단서를 쓰는 일이 일상이었다.

내 이름으로 나가는 진단서와 편지가 다양한 목적으로 쓰인다는 것을 안다. 좋은 목적으로 사용되기도 하지만 악용당하는 경우도 있다. 때로는 알면서 속아주기도 했다. 그러나 법적으로 문제될 것이 없고 그들에게 도움이 될 수 있다면 그냥 썼다.

그날도 내가 내어준 진단서로 두 군데서 강력계 형사들이 다녀간 참이었다. 우리 병원에 다니던 환자들이 변사체로 발견되었다고 했다. 한 분은 얼마 전 생활보호대상자로 의료급여 1종 수급자 등록을 위해 근로능력평가진단서를 써 드린 분이었다. 사체가 발견된 곳은 서울역 근처 쪽방이었다.

환자 주머니에서 내가 발행한 진단서가 발견되었다고 했다. 타살 가능성은 희박하고, 환자가 지병으로 죽을 가능성이 있는지 여부에 대해서 알아보려고 오셨다. 그는 췌장염과 알코올 중독, 당뇨병, 고혈압이 있는 환자였다. 술을 마신 채였고 심장마비로 죽었다. 나는 차트를 복사해 드렸다.

그러고 며칠 뒤 오후에 또 다시 경찰 두 분이 내 방에 갑자기 들이닥쳤다.

"강력계 형사입니다."

"저는 잘못한 것이 없는데 요즘 왜 이렇게 경찰 분들이 저를 많이 찾아오시지요?"

이번에는 다른 경찰서에서 온 담당자들이었다. 또 누군가 변사 상태로 발견되었다는 것이다. 그분의 얼굴이 정확하게 기억났다. 병원에 자주 오시던 독거 노인이었다. 월세방에서 홀로 사시다가 혼자 돌아가신 채로 발견되었다.

몇 개월 전부터 2주에 한 번, 혹은 한 달에 한 번씩은 꼬박꼬박 병원에 들러 약을 타 가시던 할아버지였다. 당뇨병, 고혈압, 당뇨병성 신경병, 골다공증과 요추 압박성 골절 등으로 투약을 받으시던 분이었다. 설상가상으로 새로 디스크까지 생겨 갈수록 더 걷기 힘들어하셨었다. 나이도 많으시고 여러 질병을 가지고 계시는데 챙겨줄 사람도 없으니 월세방에서 혼자 사망하시지나 않을까 염려되었었다. 그런데 그런 일이 실제로 일어났다.

그분에게서 죽음에 대한 정보를 찾을 수 있는 건 우리 병원 약 봉투밖에 없었다고 한다. 그래서 경찰들이 급하게 병원에 오게 되었단다. 할아버지는 전화기 하나 가지고 계시지 않았던 것 같았다.

갑자기 형사가 찾아오는 경우도 있지만, 그보다 더 자주 있는 일은 119가 주검을 싣고 병원으로 올 때다. 치료를 받고 다시 예전의 길거리 생활로 그대로 돌아간 분들인 경우가 많았다. 추운 겨울에 처방해준 약을 제대로 안 먹고 얇은 옷을 걸치고 다니다 심근경색으로 돌아가시기도 했다.

병원에 몇 달간 입원하고 죽을 고비도 여러 번 넘긴 박정윤 씨의 경우도 그랬다. 어느 날 그는 사체가 되어 병원으로 실려왔다. 사체가 따뜻한 것을 보니 죽은 지 몇 시간 안 된 것 같았다. 얼굴을 보니 아니나 다를까 아는 사람이었다.

박정윤 씨가 처음 병원에 오던 날, 자해를 해서 양손은 엉망이 된 상태였고 온몸에 살점이 녹아 있었다. 특히 당뇨병으로 인해 피부 상태가 심각했다. 여러 사람의 손길로 상처를 치유하고 퇴원했으나, 다시 심근경색증이 와서 입원했고 죽을 고비도 여러 번 넘겼었다.

퇴원을 하고 나름대로 안정된 상태로 외래를 다니던 중이었는데 또 심근경색증을 맞았던 것 같았다. 그는 집에서 급사해 주검이 되어 병원에 실려왔다. 사망진단서 대신 사체검안서를 쓰고 주검은 사체냉장고로 내려졌다.

나는 1년간 그가 죽을 고비를 넘기는 것을 보아오며 치료해왔다. 그가 치료로 인하여 1년이라는 생을 더 살고 살지 않고는 중요한 것이 아니다. 자살하고픈 마음이 들 정도로 인생이 힘들어서 포기하려던 분이 병원에 와 입원해 있는 동안에 살 소망을 조금이라도 더 얻고, 용기를 얻고, 기쁨으로 삶을 영위하는 시간을 가졌었다는 것에 의미가 있다.

마지막 순간에는 조금이라도 생에 감사하는 마음으로 홀로 죽음을 맞이하셨을까? 그러셨기를 바란다.

의료 노트 중에서

내가 할 수 있는 최선의 것을 다 하고,
최선을 다한 것에 대하여
한 치의 부끄러움이 없도록 애쓰고 싶습니다.

의사는 '가장 병이 많은 곳'에 있어야 한다는 생각에 그 곁을 택했다.

자원봉사자들과의 소중한 만남

무료병원 다일천사병원에 정직원 의사는 나 한 명이었고 간호 인력과 행정 인력을 포함하여 10여 명이 일했다. 나를 포함한 풀타임 의료진들은 매달 월급을 100만 원 이하로 받았다. 이외의 인력은 모두 자원봉사로 운영되었다. 자원봉사자 의사들이 80여 명이었고 병원 청소, 환자들을 목욕시키는 일, 대소변을 치우는 일 등 다양한 영역에서 도움을 주시는 자원봉사자들과 후원자들 덕분에 운영이 될 수 있었다.

모든 자원봉사가 귀하지만, 특히 의료진 자원봉사자들의 값어치가 컸다. 하루에도 100명이 넘게 찾아오는 환자들을 진단하고 병실에 있는 수십 명의 환자들을 치료하려면 많은 인력이 필요했기 때문이다. 게다가 점차 중증질환 환자들이 늘고 있었다.

요즘엔 암환자들을 위한 법, 노숙인 법과 장애인 법, 노인요양을 위한 법들과 제도들이 많이 생겨서 국가에서 도움을 받을 수 있는 방도가 생겼지만 그 당시만 해도 제대로 혜택을 받을 수 있는 제도가 없었기에 선후배들과 다양한 진료과 선생님들의 진료와 협력이 절대적으로 필요했다. 의료진이 하는 일을 돈으로 하려고 했다면 엄청난 비용을 치러야 했는데 자원봉사로 해주셨다.

하루 24시간 365일 당직인 것처럼 지냈다. 그런 나를 위해 자원봉사로 야간 당직을 서 주었던 많은 선배와 후배 의사 선생님들이 계신다. 지금은 혈액종양내과의사로 일하시는 전현정 선생님을 포함하여 선배와 후배 의사선생님들이 몇 달씩 혹은 1년씩 병원에 살다시피하면서 돈 한 푼 안 받고 주간과 야간 당직을 해주셨다.

요즘에는 비용을 아무리 잘 주어도 당직 의사 구하기가

힘든데 어떻게 그 많은 의사들이 한 푼도 비용을 요구하지도 않고 자원봉사로 그렇게나 많은 수술과 당직 등이 가능했는지 모르겠다. 정말 놀라운 경험을 했던 귀한 시간들이었다.

자원봉사 의료진 중 특히 강남시립병원(지금은 서울의료원) 투석실에서 일하다가 매주 목요일 밤이 되면 어김없이 다일천사병원으로 와 야간 당직을 서며 환자들을 지켜주신 윤수진 선생님께 지금도 감사드린다. 그때부터 지금까지도 얼마나 든든하고 감사한 분인지 모르겠다.

병원 전체가 협력병원으로서 역할을 톡톡히 해주셨던 동부제일병원 선생님들과 강성만 원장님, 성백강 신경외과 과장님, 마취과 선생님들은 지금도 잊을 수 없는 분들이다. 휴일에도 수술팀으로 오셨던 분들, 그리고 남편을 비롯하여 주말마다 수술에 동참한 당시 송도병원 대장항문 외과의사들에게도 감사한다. 현재 강남에 있는 누네안과병원을 비롯하여 자신의 병원을 운영하면서 다일천사병원에서도 일해주셨던 많은 안과 원장님들, 치과 원장님들 등 많은 분들이 계신다. 그때 만났던 자원봉사 의료진들이 지금까지도 협력병원 역할을 해주고 계시며, 내가 하고 있는 일들을 다양한 형태로 도와주시고 후원자로 계신다.

자원봉사자들은 스스로 '내가 없으면 안 된다'라고 생각할 정도로 중요한 역할을 해주셨다. 그리고 그 역할을 하면서 기쁨을 느낄 수 있도록 잘 섬겨야 하는 것이 내가 해야 할 일이라고 생각했다.

자원봉사자 중에는 당시 입원해 있던 환자들도 있었다. 그분들은 어쩌면 힘들고 하찮은 일로 여겨질 수 있는 일들을 기꺼이 도왔다. 대소변을 치우는 일, 와상으로 누워 있는 환자를 운반하는 일, 청소하는 일 등 잡다한 일들을 도왔다. 특히 알코올 중독과 내과적인 질병을 가지고 있던 노숙인들 중 본인들이 정말 재활하길 바라고 있는 분들이 그러한 일을 했다. 하찮고 지저분하게 보이는 일을 기쁨으로 할 수 있는 사람이 가장 빛나 보이는 곳이었다.

병원에서 다른 사람을 돕는 일들을 하면서 스스로를 돕는 경우도 많이 보았다. 자살하고 싶을 정도로 깊은 좌절에 빠졌던 알코올 중독자들이 살기를 원하는 마음을 갖게 되기도 했다. 입원했다가 나가면 다시 알코올 중독으로 엉망이 되어서 돌아오길 반복했던 알코올 중독자들이 다른 환자들을 섬

기고 돌보는 일을 하면서 살고 싶다는 바람과 희망을 가졌다.

　이러한 변화는 현재 노숙인 일자리 정책으로 실현되고 있기도 하다. 국가에서 노숙인이었던 분들에게 시립병원에서 간병인으로 일할 수 있도록 일자리를 제공하고 있다. 여러 분들이 그렇게 간병인으로 정착하여 지내고 계신다. 타인을 도움으로써 자신도 변화의 길로 들어서는 법을 배울 수 있다.

의료 노트 중에서

가끔 환자들을 보면
초등학교 다니는 아이들 같답니다.
모두가 아이가 된 것 같아요.
아이들처럼 먹을 것 가지고 싸우고
사랑받기 위해 조금이라도 관심을 끌려고
서로 견제하기도 하고, 재미있는 풍경이 많습니다.
사랑받기 위해 태어났는데
평생을 사랑받지 못하고
왜곡된 인생을 살아와서 그렇기도 합니다.

마리아수녀회 도티기념병원 수녀님들과 함께.
도티기념병원은 의료환경 변화에 따라
35년간의 소임을 다하고 문을 닫아, 현재는 운영하고 있지 않다.

'이건 내 영역이 아니야,
다른 의사도
얼마나 많은데…'

어느 날 환자 중 한 사람이 찾아왔다. 결혼을 하지 않았고 피붙이라고는 누나 한 명밖에 없는 이영운 씨다.

이 분의 말과 행동은 살아온 인생만큼이나 거칠었다. 까다롭고 고집 또한 거셌다. 스스로도 그러한 마음을 어찌할 바를 몰랐다. 잘못하면 스스로 목숨을 끊을 수도 있겠다는 생각이 들 만큼 깊은 좌절감을 가지고 있었다.

나를 찾아왔을 때는 이미 위암이 한창 진행되어 있었다. 간에 전이되어 제대로 먹을 수도 없고, 똑바로 할 수 있는 것도 거의 없는 상태였다.

그는 죽음의 공포 앞에서 살아온 지난 인생에 대한 분노를 쏟아냈다. 다른 사람들로 인해 자신의 인생이 망가졌다고 아우성이었다. 몸이 상할 대로 상해 먹을 수 있는 것이 거의 없는데도 죽기 전에 이것도 저것도 먹어야겠다며 마구잡이로 먹어대기도 했다.

병원에 찾아오는 사람 가운데는 중병을 가진 사람들이 많았다. 그런 분들 중에는 어차피 자신은 죽을 운명이라며 자기 마음대로 몸을 관리하고 주변을 휘두르려는 사람도 있었다.

이영운 씨도 그런 환자 중 한 사람이었다. 함께 지내는 병원 공간을 자기 마음대로 휘두르려 했다. 돌보아주는 의사와 간호사에게도 폭언과 분노를 감추지 않았다. 인격적인 깊은 대화를 하는 것이 필요하지만, 그것도 환자가 마음을 여는 대상하고만 가능했고 그에 이르기에도 많은 시간이 필요했다. 그래도 자신의 병을 고쳐주는 사람이라 여겼던 모양인지 내게는 최소한 잘 보여야 한다고 생각했던 것 같다.

죽음에 대한 공포와 자기 삶에 대한 억울한 분노를 표출

할 데가 없어서 증오에 가득 찬 모습으로 병실에서 늘 불평과 폭언을 쏟아내는 이영운 씨를 보면서 나 역시 한동안 만나기 싫기도 했다.

'이건 내 영역이 아니야. 다른 의료인도 상담가도 얼마나 많은데. 내가 아니어도 다른 곳에서 잘 지내실 거야…'

이제 의사의 영역을 넘어섰다고, 피하고 싶었다. 이 병원의 환경과 사람이 맞지 않는다면 그에게 맞는 다른 병원으로 연결해 보내보기도 했다. 그러나 일주일 만에 이영운 씨는 다시 내 앞으로 돌아왔다. 아마 그 병원에서도 온통 욕을 해댄 모양이었다.

병이 깊어 살 수 있는 날이 얼마 남지 않은 분들을 한 사람 한 사람 신경 쓰며 그 영혼이 하늘에 잘 닿도록 도우려고 애썼다. 그러나 전혀 현실을 받아들이지도 준비하지도 않고 있는 환자를 보면 마음이 답답해진다.

'저 분에게 좋은 영향을 주고 남은 삶을 정리하시도록 이야기를 들어주면서 옆에서 돕는 건 내 몫이 아니야.'라고 생각했다. 그러나 환자들과 만나다 보면 역시 환자들의 이야기를 듣는 것이 정말 중요한 것임을 깨닫고는 했다.

해야 할 일이 너무 많고 답답한 일도 많은 때에는 나에게 주어진 환자들 각각에게 많은 시간을 할애하지 못하기도 한다. 환자 외에도 자원봉사자들, 직원들, 여러 외부 사람들 등 만나서 이야기 나눠야 할 사람들이 너무 많아 한 사람 한 사람에게 깊이 다가가지 못한 시간도 있었다. 그러나 이 일을 시작한 가장 중요한 이유는 환자 한 사람 때문임을 잊지 않으려 했다.

그가 일생에 누려야 할 사랑을 경험하지도 못하고 본인의 인생을 저주만 하다가 인생을 마감하지 않도록 만나는 일을 하고 있다 생각하며 마음을 다잡았다. 나약한 마음이 드는 때에는 밤이고 낮이고 바랐다.

'제가 환자 한 사람 한 사람을 깊이 만날 수 있도록 힘을 주세요.'

우리 자신이 사랑을 받을 존재가 아닌데 받고 있다는 감격이 드는 때가 있다. 그런 사랑을 받을 때만이 사람은 변화하는 것 같다. 괴팍함을 탓하고 서로를 탓하며 소리 지르는 가운데 인간이 변화되기는 어렵다. 그런 관계 속에서는 서로

가 서로를 가르치려 하지만 전혀 가르쳐지지 않는다.

이영운 씨는 다행히 마지막을 평온하게 보냈다. 환자들을 치료하는 것뿐만 아니라, 진심으로 대화하고 이해하려 시도하고 품어주는 것이 의사라는 직업의 기본임을 깨닫는다. 다가가지 않고 대화하지 않으면 어떤 변화도 시작되지 않는다.

악다구니 속에서는 변화되지 않는 것이 사람 관계다. 아무리 괴팍하고 까다로운 사람도 사랑 앞에서 녹아내린다는 것을 이 일을 하면서 깨달아왔다. 그러나 한 살 한 살 나이를 먹을수록 이 일은 더 어려운 일임을 또 느낀다.

의료 노트 중에서

치유에 이르기 위해서는
가장 먼저 자기 자신과의
관계 회복이 이루어져야 합니다.

자신이 실제로 느끼고 지각하고
생각하고 상상하는 그것을
원하고 말로 표현하고
생각할 수 있어야 합니다.

자기 자신에 대한
무조건적인 수용이 필요합니다.

연이은
응급상황

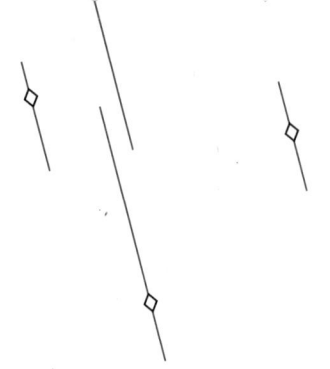

필리핀에서 온 리냐 씨는 우리 병원을 전폭적으로 믿고 의지해온 환자다. 리냐 씨를 통해서 병원에 온 필리핀 환자들이 그녀의 오빠를 비롯해 많았다. 우리가 외국인 노동자들에게 나름의 노력을 다하고 있다는 것을 알아주었다.

그런 리냐 씨가 갑자기 상태가 안 좋아져 밤 사이 목숨을 잃었다. 환자가 사망할 경우 시체가 썩지 않도록 처치하여 본국으로 보내줘야 하는 나라들이 몇 있는데 필리핀이 그런 나라였다. 병원의 사체냉장고에는 두 구밖에 모실 수가 없었는데 불행 중 다행으로 리냐 씨의 사체를 모실 수 있었다.

그리고 얼마 뒤, 조선족 환자가 다른 병원에서 이송되어 왔다. 비세포성폐암 말기 환자였다. 환자의 내면에는 죽음을 두려워하는 마음과 끔찍스러운 분노가 가득했다. 환자를 치료하는 일보다 어려웠던 것은 의료진과 병원에 대한 불신으로 가득한 환자의 태도였다.

환자와 그 가족은 이곳저곳 병원을 전전하며 많은 상처를 받아 마음이 엉망이 된 듯 보였다. 이미 상처가 많은 환자인데 그를 모시고 온 129구급대 직원과 병원 주체 측과의 의사소통이 잘 되지 않아서 병실로 올라오지도 못하고 있었다. 그 과정에서 환자의 불안은 더욱 증폭된 것 같았다.

문제는 또 있었다. 환자가 이송해 오는 과정에서 129구급차에 비치된 산소통의 산소를 모두 사용했는데, 우리 병원 산소통은 위급한 상황이었던 리냐 씨에게 쓴 이후로 산소가 없는 상태였다.

"산소통 가져오세요! 산소통!"

129구급대원은 병원 직원들에게 사용 가능한 산소를 가져 오라고 소리를 치고 있었고 환자는 산소가 나오지 않는다고 소리치고 있었다.

다른 병원에서 산소통을 구해 오려면 시간이 걸릴 수밖에 없었다. 당장 쓸 산소가 없음으로 인한 환자의 불안함과 보호자들의 마음을 안정시키고, 129구급대원이 병원을 질책하고 싶어 하는 마음을 진정시킨 다음 환자를 일단 안전하게 겨우 병실로 모실 수 있었다.

한숨 돌릴 무렵 점심이 되자, 이번에는 119구급대가 한 환자를 모시고 왔다. 얼굴을 보니 익숙했다. 김경수 할아버지였다. 할아버지는 고혈압, 당뇨, 결핵을 앓고 있었고 홀로 살아가는 독거 노인이었다. 다행히 세 달 전에 9개월에 걸친 결핵치료를 끝으로 마무리를 하고 당뇨약과 혈압약만 먹던 환자다.

그러나 119구급대에 실려 온 환자를 보니 온몸이 변으로 범벅이 되어 있었고 간질 발작을 일으키고 있었다. 호흡과 바이탈 사인[vital sign, 활력 징후(사람이 살아 있음을 보여주는 호흡, 체온, 심장 박동 등의 측정치)]은 아직 안정적이어서 우선 급한 대로 목욕을 시키고 병실로 옮겨서 조치를 취했다.

모든 직원들이 최선을 다하고 있었지만 한 사람에게 이

중 삼중의 역할이 주어져 있었다. 병원 직원 한 사람 한 사람에게 일이 너무나 많았다.

　모두가 열심히 했으나 이유가 어찌 되었건 산소가 준비되지 않은 것은 병원에서는 있어서는 안 될 일이었다. 꼭 필요한 물품만큼은 목숨을 걸고 관리해야 한다. 목숨이 달려 있으니 어쩔 수 없다. 다른 병원에서 어쩌지 못해 우리 병원으로 싣고 온 환자에게 아무런 조치도 취하지 못하고 또 다른 병원으로 보낼 수는 없는 일이다.

　우리 병원에는 신뢰와 명예가 있었다. 가난하고 돈 없는 이들의 생명을 살리는 일을 더 잘 할 수 있기에, 더더욱 모든 환자에게 끝까지 가장 최선의 것을 드려야 한다고 생각했고 그렇게 행동했다.

　만에 하나라도 상황이 잘못되면 환자의 소중한 목숨을 앗아가는 중차대한 일이 벌어지게 되고, 그에 대한 책임은 의사인 내가 지겠지만, 그것에서 그치지 않고 그동안 쌓아온 병원의 명예가 실추되고 신뢰를 잃게 된다. 그러지 않도록 직원들에게도 늘 당부하고 긴장하며 지냈다.

　환자가 응급하다고 해서 의사가 소리를 질러대면 병에

대한 객관적인 판단이 어려운 직원들은 더 불안해지는 법이다. 직원들이 불안해하면 환자들과 환자의 보호자들은 더 불안해한다. 흥분을 하면 환자의 불안은 증폭되고 병은 더욱 악화된다. 그러므로 환자가 위급해도 절대로 소리 지르지 말아야 한다고 생각한다.

여러 응급한 일들이 시시각각 일어난 이날뿐만 아니라, 어려운 다른 날들 속에서도 소리 지르거나 흥분하며 대응하지 않도록 늘 마음을 다독였다.

내가 할 수 있는 최선의 것을 다 하고, 최선을 다한 것에 대하여 한 치의 부끄러움이 없어야 한다. 그렇게 생각하며 지내왔고 이 생각은 지금도 변함이 없다.

의료 노트 중에서

냉장고를 날마다 들여다 봐야
썩는 음식이 없습니다.
무엇인가 썩는 재료가 없는지 잘 파악해서
그 재료로 맛있는 음식을 만들어

우리 몸의 피와 살이 되려면
날마다 냉장고를
들여다 봐야 합니다.

그것이 습관이 되어야 하겠지요.

마찬가지로 날마다
자신의 마음을 들여다보고
구석구석 썩은 부분을 도려내고
닦아내는 일을
삶의 습관으로 삼아야 하겠습니다.

믿음과 용기가 삶의 습관이 되길 바랍니다.

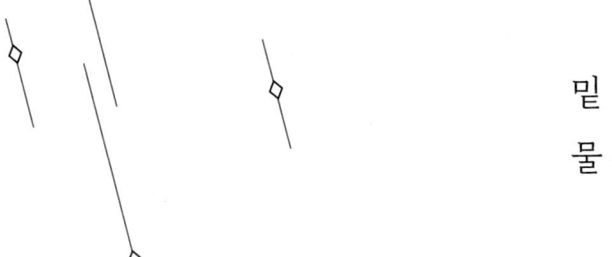

밑 빠진 독에
물 붓는 마음

나를 정말 힘들게 하는 것은 영원히 나아질 것 같지 않은 삶을 마주할 때였다.

같은 환자를 어느 때는 거리에서, 또 어느 날은 시설에서, 다른 날은 병원에서 만날 때가 많았다. 다일천사병원에서 만난 분을 요셉의원에서 만나고, 서울역 다시서기의원에서 만났으며, 이후 도티병원에서 만나다가 지금의 시립서북병원에서까지 만나는 경우도 있다.

병원에 입원하면 일상적이고 규칙적인 의식주가 제공되니까 많이 건강해진 모습으로 바뀔 때가 있었다. 그러나 퇴원하고 나가면 다시 똑같은 상태가 돼서 되돌아오는 환자들이 적지 않았다. 그럴 때면 밑 빠진 독에 물 붓는 기분이 되기도 했다.

한 환자를 간경화와 식도정맥류 출혈로 12번 입원시켰던 경우가 있었다. 이 환자는 식도정맥류 출혈로 한 번 피를 토하기 시작하면 그야말로 세숫대야 하나 가득 넘치도록 피를 쏟아내었다. 그러면 혈압이 뚝뚝 떨어졌다. 그가 피를 토하면서 병원 안으로 들어오면 직원들 중 누구는 피를 사러 가야 했고, 누구는 혈관주사를 투여해야 했고, 누구는 입원과정을 밟아야 했고, 누구는 피를 닦는 청소를 하는 등 비상이 걸렸다.

그는 입원했다가 몸이 좋아지고 나면 퇴원해서 바깥에서 생활을 하다가 다시 술을 잔뜩 마셔 몸을 망가뜨리고 입원하는 식이었다. 피를 토하면서 입원하고, 퇴원했다가 다시 같은 이유로 나빠져서 들어오기를 12번째 반복했을 때였다. 같은 일을 12번째 반복하고도 술을 끊으려는 모습이 조금도 없으니 이런 사람들은 블랙리스트로 만들어서 입원시키지 말자고 직원들의 원성이 높아졌다.

나는 고민하다가 요셉의원에서 일하시던 고(故) 선우경식 원장님께 전화를 드리고 자초지종을 설명드린 후 질문했다. 이런 경우 선우경식 원장님이시라면 어떻게 하실 것인지 여쭈어 고견을 듣고 싶었다.

"병원의 핵심 임원들이 이 환자를 블랙리스트로 지정하고 더 이상 입원환자로 받지 말자는데 어떻게 하면 좋을까요?"

선우경식 원장님은 본인의 경험을 들려주셨다.

"한 환자를 60번 입원시켜봤는데, 결국 그 환자가 술을 끊더군요."

나는 원장님과 통화하고 나서 내가 이 환자를 입원시키는 일을 밀고 나가야 한다는 것을 느꼈다. 성경 속 구절이 생각났다. '70번씩 7번 용서하라'는 말씀이었다. 그러니까 490번 용서하라는 것이다. 그러나 대개는 490번까지 용서해서 입원시키기 전에 어떻게든 결판이 난다. 선우 원장님도 60번 입원시키셨다니까 말이다.

12번째 입원과 퇴원을 반복하는 환자를 맞았을 때, 환자가 미워지는 마음이 순간 일어나기도 했다.

'왜 이 분은 스스로 자기 몸을 이토록 망가뜨리는 걸까?' 답답했다.

'불쌍하다', 혹은 '도와주고 싶다'라는 감정이 생기는 것은 지극히 주관적이고 시시각각 변한다. 날마다 새로운 마음이 샘솟지 않으면 각자 판단의 딱지들을 상대방 겉모습에 붙여버리기가 쉽다.

입원과 퇴원을 반복하는 환자들을 지속적으로 만나면 환자에게 이런저런 유형의 딱지가 붙는다. 더군다나 무료로 입원과 퇴원을 반복하는 사람들에게는 더욱더 이런 유형의 딱지가 붙기 쉬웠다. 그들의 겉모습을 에워싼 두꺼운 딱지를 보지 않고 날마다 그분들을 새롭게 진정성을 갖고 만나는 것이 나에게 주어진 숙제였다.

과거에 공부를 잘했든 못했든, 알코올 중독자이든 아니든, 범죄자로 징역을 몇십 년을 살았든, 과거에 조폭이었든 양아치였든, 사람을 속이고 이용하는 일에 능숙한 사기꾼이든, 더운 나라 사람이든 추운 나라 사람이든 환자는 환자고 질병은 질병으로서 명확하게 진단되어진다면 이는 치료받아 마땅하다.

환자에게 개인적인 감정을 반영하면 병이 보이지 않는다. 내가 내 감정에 휘둘려 사람을 보고 병을 보지 못하면, 마땅히 치료받아야 할 이가 치료를 못 받을 수 있었다. 의료인으로서 정직성을 유지하고 감정을 섞지 않는 판단이 필요했던 경우가 종종 있었다.

'내가 이분들에게 사랑을 쏟았으니 이분들은 마땅히 이래야 한다'라는 내 나름의 기준을 가지고 지나친 기대를 가졌기 때문에 때때로 나는 번민했다. 그들이 나의 기대를 저버린다고 해서 실망해서는 안 된다. 자칫하면 내가 만든 기대에 내가 꺾여버리기가 쉬우므로 나는 늘 경계해야 했다.

쉽지는 않았다. 입원과 퇴원을 반복하는 환자를 대하는 것도 힘겨웠지만, 그 과정에서 직원들 및 병원을 이끌어가는 운영진들의 불평과 갖은 이야기들을 한 귀로 듣고 한 귀로 흘려버려야 할 상황도 나를 어렵게 했다.

그분들은 어쩌면 그렇게 살다가 갱생이나 자활 같은 것과는 거리가 먼 채로 병원에서 인생의 마지막을 맞이할지도 모른다고, 그렇다 하더라도 그분들은 이 병원에서 치료받아야 할 권리가 있는 것이라고 운영진들을 설득했다.

자해와 알코올 중독 자체가 질병이다. 병원에서의 의료행위는 환자 개인의 인격과 환자 개인의 삶의 변화나 환자의 재활의지 유무와는 무관하다. 또한 노숙이라는 것 자체까지 정신적인 질병으로 취급되어야 한다.

스스로 자기 몸을 자해하고 알코올에 자기 자신을 곤두박질치고 있다고 해도 환자는 환자다. 가진 것이 없어 치료에 대한 대가를 치를 돈조차 없는 사람이라고 해서 길거리에 아픈 채로 죽도록 내버려두어서는 안 된다. 그들은 환자로서 제대로 대우받아야 하고 제대로 진단받고 치료받아야 한다. 누군가는 반드시 그들을 치료해야 한다.

의료 노트 중에서

'내가 이분들에게 사랑을 쏟았으니
이분들은 마땅히 이래야 한다'라는
내 나름의 기준을 가지고
지나친 기대를 가졌기 때문에
때때로 나는 번민했습니다.

그들이 나의 기대를 저버린다고 해서
실망해서는 안 됩니다.
자칫하면 내가 만든 기대에
내가 꺾여버리기가 쉬우므로
나는 늘 경계해야 했습니다.

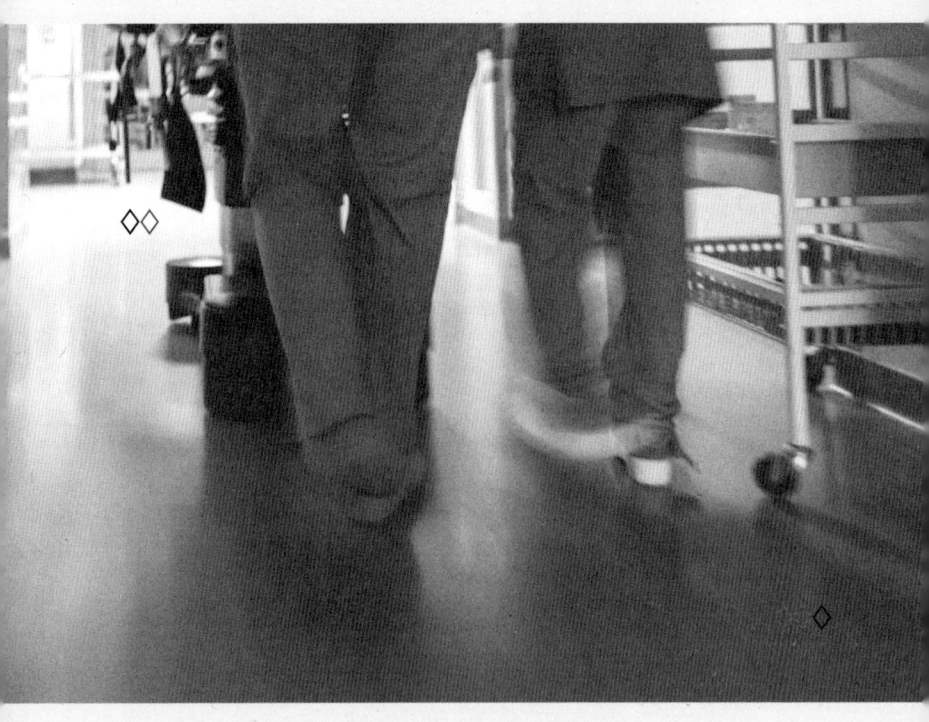

◇◇

잘못된 기대로 인해 나는 때때로 번민했다.

결핵은 가난한 나라의 전유물이 아니다

2024년 1월경, 서울역에 있는 다시서기종합지원센터가 은평구 내에 있는 시립서북병원을 오랫동안 설득하여 장기간 노숙하던 어느 환자를 입원시켰다. 그런데 환자를 입원시키고 보니 결핵과 당뇨가 오래도록 방치되어 중해진 환자였다. 급히 결핵과로 옮겨서 치료를 했지만 환자는 얼마 못 가 생을 마감했다.

이로부터 20년 전인 2004년 10월 아침 9시경에 결핵 환자 한 명이 다일천사병원에서 생을 마감했다. 노숙생활을 하던 분이었는데 1년 전 건강을 되찾아 막노동을 하면서 살던 분이었다. 결핵에 걸렸는데 치료를 안 하고 방치하다가 병원에 왔으나 이미 병은 심각해져 사망에 이른 것이다.

2004년에 만난 환자나 2024년에 만난 환자나 폐의 상태는 모두 끔찍했다. 영양실조와 알코올 중독과 노숙으로 뒤엉킨 생활상이 무섭도록 빨리 병을 진행시키는 것을 보았다. 결핵균이라는 것은 몸에 들어온다고 해서 100퍼센트 질병으로 발현되지 않는다. 90퍼센트 가까이는 면역체계가 작동하면서 임파선이나 어떤 조직 내에 있다가 사람이 죽을 때 함께 사라질 수 있다.

언젠가 해부학 교수님이 말씀해주셨던 것인데, 죽은 사람들의 임파선이 부어 있어서 그 덩어리의 조직검사를 해보면 그 안에 결핵균들이 있었다고 했다. 어떤 사람들은 결핵균을 잠복결핵으로 평생 가지고 살기도 하는데, 이 결핵균이 활동성으로 무섭게 창궐할 때는 그 사람이 가장 면역력이 연약하고 영양상태가 안 좋고 스트레스가 많은 상황에 장기적으로 노출될 때다.

결핵은 결핵균(Mycobacterium tuberculosis)으로 인해 생기는 질병이고, 나병은 나균(Mycobacterium leprae)으로 인해 생기

는 만성전염성 질환이다. 나병은 한센병이라고 하며 과거에 문둥병이라 불리기도 했다.

한센병은 6세기에 처음 발견된 질병이다. 현재는 전 세계 24개국을 제외하고는 1만 명당 한 명 이내로 드물게 발병한다. 잠복기도 9개월에서 수십 년으로 다양하다.

결핵과 한센병은 가난, 영양 상태, 면역력과 밀접한 관련이 있다. 결핵과 한센병은 같은 마이코박테리움(Mycobacterium) 균주로 비슷한 캐릭터(character)의 균주들이다. 이 균주가 한 번 우리 몸에 들어오면 대개는 죽을 때까지 우리 몸이 면역체계로 이 균주들을 완전히 없애지는 못한 채 어느 정도 컨트롤한다. 그렇기에 병이 드러나지 않고 함께 살아간다. 그러다가 영양상태와 면역상태가 안 좋을 때 균주가 증폭하고 창궐하면서 반복적이고 장기적인 다양한 염증을 일으킨다. 반복적이고 장기적인 염증들로 인해 겉으로 보이는 피부나 몸속 장기들이 망가질 수 있다. 이 병에 걸린 사람들의 피부나 살, 코, 귀 등이 문드러져 보인다고 해서 과거에 문둥이라는 이름을 갖게 된 것이다.

특별히 이 균주에 대한 면역력은 영양 상태와 아주 밀접

한 관계가 있다. 과거에 사회 전반적으로 잘 먹지 못하고 영양상태가 안 좋았을 때 우리나라에도 한센병이 많이 있었고, 결핵이 창궐했다. 그 당시에는 한센병은 주로 피부와 손가락, 발가락 등으로 보였지만 결핵은 몸속의 장기들에 주로 있어서 진단도 잘 안 되었고 시름시름 앓고 말라가면서 피를 토하다가 죽어갔다.

이처럼 결핵과 한센병이라는 질병은 지긋지긋한 가난과 많은 연관성을 가진 질병이다. 마치 우리나라 6.25전쟁 이후 전반적인 삶의 질이 낮던 1960년대 이야기, 혹은 북한이나 동남아시아, 아프리카에 있는 몇몇 소득 수준과 의료 환경이 낮은 나라에 관련된 이야기라고 생각하기 쉽다.

그러나 결핵은 소득 수준이 낮은 나라나 가난한 사람들만의 전유물이 아니다. 소득 수준이 높은 나라에서도 다양한 면역결핍을 초래하는 에이즈바이러스나 만성간염바이러스, 백혈병과 암 등의 질병들을 가지고 있는 사람들에게서 결핵이 발병하거나 재발할 수 있다.

나는 대학병원에 있으며 내과전문의 수련 과정에서는 그

리 많은 결핵환자를 만나지 못했다. 그다지 심한 결핵환자를 만나지도 않았다. 그런데 다일천사병원과 요셉의원, 다시서기의원, 도티기념병원, 현재 시립서북병원에 이르기까지 노숙인들과 취약계층 환자들을 주로 진료를 해오면서 결핵을 앓는 수많은 환자들을 만나게 되었다. 의료 취약계층에 있는 환자들의 대다수가 결핵을 앓고 지나간 환자들이었다.

노숙인들은 공통적으로 정신적인 질병 즉 알코올 중독과 여러 형태의 약물 중독, 게임 중독 등과 함께 우울증, 정신분열증을 갖고 있는 경우가 많았다. 노숙생활 자체는 맨정신을 지속하기가 어렵다. 길거리 생활과 지속적인 알코올 섭취로 인해 병이 제대로 관리되지 않아서 내과적으로는 당뇨병이 많이 생기고 당뇨병이 생기면 당뇨병과 관련한 합병증과 고혈압과 관련된 내과질환, 다양한 형태의 급성 및 만성 감염성 질환, 뇌경색 등 다양한 종류의 신경병이 생기게 된다.

이러한 질병들이 순서대로 오다가 결핵의 재발 혹은 발병으로 심각한 상태에 이르러서 생을 마감하는 것이 길거리에서 사망하는 과정이었다. 결핵이 진단돼서 시립병원에 입원했다가도 오래 못 버티고 도망가거나, 입원해 있을 때만 약을 먹고 밖으로 나가는 즉시 약을 먹지 않고 연거푸 술을 마시는 경우도 흔히 있었다. 그러기를 여러 차례 하다가 결핵이 반복해서 재발하게 되는 것이 노숙생활의 특징이기도 했다. 이러한 질병과 함께 환자들을 마지막으로 몰고 가기 쉬운 질병 중 하나가 결핵이다.

물론 그들에게도 여러 암이 발병되기는 하지만, 암은 발병되면 대개는 사회보장제도 안으로 들어가기 때문에 투병을 하다가 주로 병원에서 삶을 마감한다. 그러나 대개 길거리에서 홀로 생을 마감하는 분들은 알코올 중독과 간경화, 결핵과 심장병 등으로 사망한다.

결핵 환자들을 만나면 제발 밥과 약을 잘 먹으라고 간구하는 것도 내가 늘 해야 하는 일 중 하나이기도 했다. 결핵까지 생긴 환자들은 대부분 이미 가지고 있는 병이 한두 가지가 아니거나, 자신의 삶을 돌보기를 스스로 포기했거나, 병원을 외면하고 도망가거나 자해하는 사람들이기 때문이다.

국민건강을 위해서도, 나 자신을 포함한 의료진들의 질병감염을 예방하기 위해서라도 나는 이 분들이 약을 잘 먹도록 설득하고 달래야 할 필요가 있다. 물론 이 분들에게 간곡하게 부탁을 해도 자주 바람처럼 사라지기도 하고 바람처럼 나타나기도 한다.

2011년 이후 지금은 국가에서 노숙인을 무료로 치료해주는 제도, 노숙인법과 검진제도들이 예전에 비하여 많이 생겼다. 매년 취약계층에게 결핵치료를 위한 많은 정책들이 실행되어 결핵환자들을 무료로 치료해주기 시작했다. 많은 취약계층 환자들이 대부분 결핵을 앓고 지나간 상태로 만성폐쇄성 폐질환 형태의 결핵 후유증을 가진 상태이기는 하나 나름 정부제도권 안에서 돌봄을 받는 안정된 상태로 변화되게 되었다.

취약계층이 앓는 질병의 문제는 단순하지 않고 사회의 다양하고 복합적인 문제와 연관되어 있다. 의료의 영역만으로는 그분들의 질병을 치유하기가 쉽지 않다. 다양한 제도적·사회적 뒷받침이 필요하다. 그리고 이러한 제도적 지원과 함께 중요한 것은 국민들과 사회의 시각의 변화라고 생각한다.

의료 노트 중에서

우리의 삶이 주위의
모든 사람들과 긴밀하게 연결되어
영향을 주고받고 있음을
늘 상기해야 합니다.

그것이 인생입니다.

자신이 있는 바로 그 자리도 누군가의 도움과 배려,
수많은 세월 동안 누군가 쌓아온 믿음직한 안전망과 희생,
사회적 울타리 속에서 일구어졌다는 사실을 알아야 한다.

등불 같은 어른,
인생의 멘토

나의 인생에서 멘토는 요셉의원을 개원하여 이끄셨던 고(故) 선우경식 원장님이다. 인생 선배로서도, 의사 선배로서도 내가 가고자 하는 길을 먼저 걷고 계셨던 분이다.

"가진 것 없는 이들을 위해 우리가 지금 당장 할 수 있는 일을 해야 한다."

내과의사 초년생 시절, 선우경식 원장님께서 들려주신 여러 말씀이 마음에 오래도록 남아 있다. 많은 대한민국 사람들이 국민으로서 마땅한 권리를 갖기 어려웠던 시절에 육체적 질병 너머에 있는 상처를 어떻게 보듬어야 하는지 그분을 통해 배웠다. 무료로 진료하는 병원을 개원하기 전에는 요셉의원에서 자원봉사를 하며 어떻게 진료를 하고 병원을 운영할지에 대해 배웠고, 개원 후에는 환자를 돌보고 병원을 이끌며 풀지 못할 고민이 있을 때 원장님께 털어놓고 고견을 구하고는 했다. 그때마다 원장님은 가만 이야기를 들으시고는 해답을 주시고는 하셨다.

　무료병원을 설립하려는 나의 계획에 대해 남편이 걱정과 염려로 반대를 하던 무렵에도, 선우경식 원장님은 내가 이 일을 계속할 수 있도록 남편을 여러 차례 독려해주시기도 하고 우리 집에 요셉의원 식구들과 함께 방문하기도 하셨다. 선우경식 원장님을 비롯한 수녀님들과 함께 일본에 방문해 일본의 AA모임(Alcoholics Anonymous, 알코올중독자 자조모임)과 만남을 가지고 노숙인 정책에 대해 공부하며 배움의 시간을 가지기도 했다.

　선우경식 원장님은 가톨릭대학교 의과대학을 졸업하고 미국에 유학을 다녀오신 후, 서울의 한 종합병원에서 근무를 하시다가 1983년 서울 신림동 철거민촌 의료봉사를 계기로 자선병원인 요셉의원을 설립하셨다. 1980년대는 우리나라 전 국민 가운데 의료보험을 제대로 갖고 있지 않은 사람 수가 많을 때였고, 주민등록증조차 없는 행려자들 또한 많았던 시절이다. 치료비가 없는 가난한 사람들, 노숙인들, 외국인 노동자들이 선우경식 원장님에게 치료받기 위해 물밀듯이 몰려들었다. 외환위기 당시 소위 IMF사태가 터지며 병원 운영에 어려움을 겪을 때에도 원장님은 뜻을 굽히지 않으셨고, 그런 선우 원장님의 뜻을 받들어 무료로 기꺼이 진료를 하고자 하는 자원봉사 의료진 수십 명과 여러 자원봉사자 분들이 도움의 손길을 내밀었다.

다일천사병원을 설립해 일하던 나는 여러 가지 배움이 더 필요하다는 생각을 하고서, 2004년에 병원을 그만두고 선우경식 원장님 곁으로 가 요셉의원 자원봉사 의사로 일했다. 그러면서 원장님 곁에서 많은 값진 것들을 배워나갈 수 있었다.

그러다가 둘째아이를 출산했다. 이제 막 초등학교에 입학한 첫째 아이가 있었던 때라 아무래도 어린 두 아이를 키우는 일에 좀 더 시간을 쏟아야 할 것 같아서 출산 후 몇 개월간은 집에서 지낼 계획이었다.

그런데 청천벽력과도 같은 일이 벌어졌다. 선우경식 원장님에게 뇌경색이 왔다. 막막하고 슬퍼야 할 때에도 원장님은 병원을 찾는 사람들을 걱정하시고 병원 운영을 염려하셨다. 원장님께서 진료를 지속하시기 어렵게 되자 출산 후 회복 중이던 나에게 요셉의원에서 연락을 해오셨다. 수녀님들께서 우리 집으로 와 초등학교 1학년생인 아들과 태어난 지 6개월 된 딸아이를 돌봐줄 테니 병원으로 복귀를 해달라는 부탁이었다. 수녀님들의 도움 아래 나는 요셉의원으로 나가 환자들을 진료했다. 그러는 와중에 선우경식 원장님은 위암 진단을 받으셨다.

선우경식 원장님은 평생 결혼을 하지 않고 어머니를 모시며 검소하게 사셨다. 그러다가 뇌경색과 위암 진단을 받으시고 투병을 하시다 2008년 향년 64세에 돌아가셨다.

선우경식 원장님의 장례가 치러지던 날 전국에서 수많은 사람들이 요셉의원으로 모여 눈물을 흘리며 슬퍼했다. 선우경식 원장님이 60번 입원을 시키고 퇴원시키를 반복했던 어느 환자 분은 돌아가신 선우경식 원장님 사진을 향해 "아버지"라 부르며 울부짖었다. 그분은 60번 입원과 퇴원을 반복한 끝에 술을 끊고 선우경식 원장님의 아들처럼 병원에서 일을 돕기도 하셨다. 원장님은 가진 것 없는 이들에게 부모이자 등불 같은 존재였다.

선우경식 원장님께서 투병 끝에 돌아신 뒤 나는 엉겁결에 요셉의원에서 잠시 임시로 원장을 맡기도 했다. 선우경식 원장님이 돌아가신 이후에도 요셉의원은 후임 원장님들과 봉사자 분들의 손길을 통해 건재하게 원장님의 뜻과 맥을 이어가고 있다. 2025년에는 영등포 쪽방촌이 재개발되면서 그곳에서의 진료를 끝내고 서울역으로 이전해 진료를 하고 있다.

돈을 받지 않고 진료에, 약에, 밥까지 주고 정작 본인은 빚더미에 올랐던 분. 빚에 허덕일 때마다 기적적으로 도움의 손길이 나타났다고 웃으며 말씀하시던 분. 평생을 진료가방을 들고 대중교통을 이용하시며 무료진료에 투신하시던, 이 시대의 등불과도 같은 분을 뵙고 이야기 나눌 수 있어서, 그분을 스승으로 모실 수 있어 참으로 감사하다.

등불 같은 어른, 선우경식 원장님과 함께

갈 곳 잃은 아이가
의미 있는 어른을
만날 수 있도록

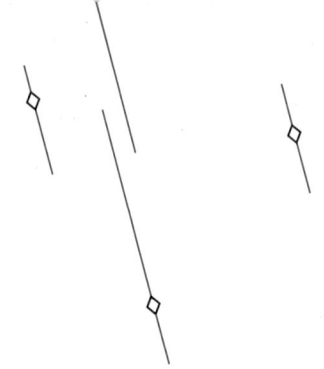

　50세를 넘기면서, 부쩍 아이들을 돌봐야 하겠구나 하는 생각이 들었다. 다양한 형태, 여러 가지 이유로 오갈 데가 없거나 어른의 보살핌 없이 자라는 아이들을 만나게 되면서다.
　'내 아이도 잘 못 돌봤던 것 같은데 어떻게 다른 아이들까지 돌보나' 하는 생각이 들지 않았던 것은 아니다. 그러나 내 나이도 어느덧 반 백 살을 넘기고 보니, 성장하여 앞날을 준비해야 하는 아이들을 도와야겠다는 생각이 더욱 강해졌다.
　예전에는 나의 정체성은 내가 주도하는 인생이었던 것 같다. '나는 무엇을 할까' '나는 어떤 일을 할까' '나는 어떤 삶을 살까'가 주요한 관심사였다. 그러나 50세를 넘기면서부터는 나를 중심으로 인생을 볼 것이 아니라 더 어리고 젊은 사람들을 돕는 데 초점을 맞추어야 하겠다는 생각을 가지게 되었다. '내가 무엇을 할까' '내가 무슨 일을 할까'에 집중되었던 사고방식에서 더 나아가, 내 자녀뿐만 아니라 힘들게 살아가고 있는 젊은 사람들을 어떻게 도울 수 있을까 고민한다. 그런 정체성을 가지고서 부모의 마음으로 관심을 가지기 시작했다.

우리는 타인을 만나 마음의 힘을 얻기도 하지만, 어설픈 가정을 만들면 그 자녀들까지 제대로 보살피지 못하는 경우가 많다. 살다가 아픈 일을 겪으면 누구나 어설픈 가족 안에서 자녀들을 보살피지 못해서 생기는 일을 겪을 수 있다. 특별한 경우가 아니어도 누구나의 인생에서 생길 수 있는 일이다.

그런 가정에서 자란 10대 아이들이 집 밖을 떠도는 것이다. 말도 안 되는 사연들이 많다. 가정폭력, 성폭력, 아버지가 술을 마시고 집으로 오면 도망쳐서 거리를 헤매는 아이들, 성범죄에 노출되어 임신을 하는 등 온갖 문제들이 뒤섞여 있다.

아이들은 이야기를 들어줄 사람이 없으면 자살까지 시도했다. 내가 왜 살아야 할지 모르겠다고 막막해한다. '죽고 싶어요'라고 말하는 카톡에 대답해주는 것, 하소연을 들어주고 '힘들겠다'라고 공감해주고 지지해주는 것, 만나서 다독이고 응급 치료가 필요한 경우 내가 일하는 병원에 입원하여 치료받게 하고 밤을 피할 수 있는 장소를 구하여준다.

집 밖을 떠도는 아이들에게는 '아침에 일어나면 챙겨서 학교 가라'고 말해주는 사람이 없다. 제대로 된 어른과 관계를 맺은 경험이 없는 경우가 많다.

나의 친구이자 아이들을 돌보는 일을 함께 하고 있는 지영이는 아이들에게 당부한다.

"너 학교 매일 가야 해. 학교 가면 사진 찍어서 보내."

그랬더니 아이는 정말 아침마다 등교 사진을 보냈다. 그러면 "아이고, 잘 일어났네. 학교 가네" 이런 답장을 보내는데 그게 그 아이에게는 기쁜 일인 것 같았다. 아이들과의 관계는 여기서 출발한다.

그러나 이런 식으로 아이들을 돌보는 데는 한계가 있었다. 아이들은 미래가 있다. 공부도 해야 하지만 돈이 필요하기도 하다. 사회에 나가려면 일하는 재미와 성취를 느껴야 하기도 하다. 기대도 많지만 필요한 것도 많다. 당장 급한 의식주를 해결하기 위한 돈도, 일자리도 필요하다.

아무리 사정이 딱해도 보호자가 있는 미성년자를 집에서 나오라고 해서 데리고 있을 수는 없다. 미성년자는 부모 동의 없이는 취업을 할 수가 없으니 무작정 아무 일이나 시킬 수도 없다. 필요에 의해 일을 하지만 '넌 사실 지금 공부해야 할 때'라고 일깨워주고 말해줘야 하기도 한다.

아이들과 관계를 시작하려면 일거리가 있어야겠다고 생각이 들었다. 나는 상처받은 사람이 회복의 길로 들어설 수 있도록 하기 위해 비즈니스라는 명분을 이용하기로 했다. 양파라도 썰면서 '넌 왜 칼을 무서워하니?' 이렇게 대화를 시작하는 것이다. 이런 일일수록 법의 테두리 안에서 해야 한다.

본래 노숙인들을 위한 무료급식소로 쓰던 장소를 배달음식 전문식당으로 만들었다. 오랜 시간 식당을 운영하던 친구가 협동조합 대표를 맡아주면서 이 일에 전폭적으로 가담했다. 인간관계를 힘들어하는 아이들을 위해 직접 손님을 상대하지 않아도 되는 배달전문 식당을 택했다.

젊은 사람들에게 일자리를 만들어주기 위한 식당 '스마일박스'는 그렇게 탄생했다. 처음에는 갈 곳 없는 아이들을 위해 시작했지만 한국어를 못하는 난민들도 고용했다. 난민 신청 중인 외국인 여성, 사회 적응 훈련이 필요한 다양한 청년들에게 일자리와 사회 진입을 위한 발판을 제공했다. 또한 돌봄이 필요한 위기 청소년들이 자유롭게 이용할 수 있는 청소년 돌봄센터로서 역할을 수행했다. 일주일에 4일씩 2일씩 각자 편한 근무체계로 일하도록 했다. 최저임금보다 많이 주는 게 원칙이었다.

일단 해보자며 시작한 일이지만 얼마 안 가 매달 600만 원씩 적자가 났다. 6개월 만에 '이제 그만 해야겠다'라고 하려는 순간 라이나재단으로부터 사회공헌상을 받게 되었다는 소식을 들었다. 상금이 1억 원이었다. 얼마 뒤에는 아산재단에서 선정하는 의료봉사상을 수상했다. 상금이 2억 원이었다. 그리고 얼마 뒤에는 중외제약에서 주는 성천상을 받았고 상금까지 받을 수 있었다.

신기했다. 더 이상 유지하기 힘들다고 생각한 순간에 하늘에서 떨어지듯 상금이 들어왔다. 상금이 들어와 급한 한숨을 돌렸지만, 그래도 사업으로 자력갱생을 해야 한다. 직원들에게 성공의 경험이 필요하기 때문이다.

많이 팔려야 아이들 일거리도 많아지고 더 많은 아이들을 고용할 수 있다. 이 아이들이 일하는 재미를 알아야 회복돼 돌아갈 때 '나도 하니까 되더라'는 자신감을 갖고 어떤 삶이건 시작할 수 있다. 힘을 얻는 아이들을 보며 지금껏 함께 해온 진희, 지영이, 은미와 함께 좀 더 한마음이 되어서 열심히 해야겠다 다짐하게 된다.

아이들에게 의미 있는 어른(양육자, 부모)과 처음으로 관계를 맺는 법을 가르쳐주려 한다. 새싹이 살아갈 생명력을 얻고 자라나듯이 아이들도 처음부터 다시 관계를 맺어야 치유가 시작된다.

여러 어려움에도 스마일박스 식당을 운영하려 노력해왔지만 적자는 계속되었다. 현재 스마일박스 식당은 지속적인 적자로 인해 유지하기가 너무 힘들어서 사업장을 종료하였다. 스마일박스 식당은 더 이상 운영하지 않지만 다른 방식으로 아이들을 돌보고 있다.

돌봄 사각지대에 놓인 아동·청소년 문제의 심각성을 보며, 이들을 돌보고 지원하는 사업에 역량을 집중하기로 결정했다. 가족이 깨져서 자녀를 돌보지 않지만 가족이 있기 때문에 나라의 돌봄 시스템 안에 들어가지 못하는 아동과 청소년이 많다는 것을 알게 되었다. 이들의 문제는 국가의 미래와 직결되어 있어 더욱 시급하고 중요하다고 생각한다.

초등학생, 중학생, 고등학생인 아이들을 돌보는 공간인 제이하우스를 방화동에 설립하고 그쪽으로 법인사무실을 옮겨 운영하고 있다. 제이하우스는 아동·청소년들을 위한 다양한 클래스를 운영하며, 지속적인 관계를 통해 올바른 자아 형성을 돕고 심리적 안정에 도움을 주고자 노력하고 있다.

돌봄이 필요한 아동·청소년들에게 함께하는 식탁, 생활학습 지원, 정서적 돌봄 등을 제공해 새로운 대안 가족이 되는 것을 목표로, 낙인(烙印) 없이 누구나 자유롭게 이용하도록 저렴한 가격의 간식과 음료를 제공하는 열린 공간으로 운영한다. 이 사업의 시작으로 우리의 미래인 아동과 청소년들이 건강하고 바르게 성장할 수 있도록 지속적인 관심을 기울이며 사랑을 실천해나가고 싶다.

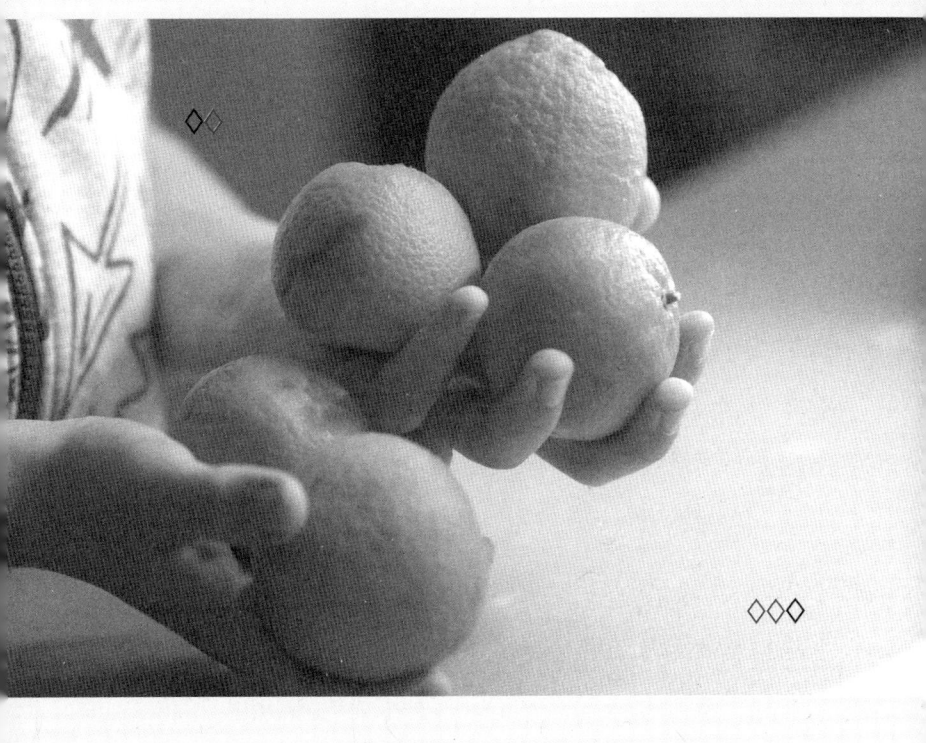

상처받은 사람이 회복의 길로 들어설 수 있도록 하기 위해
비즈니스라는 명분을 이용하기로 했다.
양파라도 썰면서 '넌 왜 칼을 무서워하니?' 이렇게 대화를 시작하는 것이다.

망가진 의지와
잃어버린 자유

거울이 없으면 우리는 내가 누구인지, 어떻게 생겼는지 알 수 없다. 우리 인생에서도 마찬가지다. 우리 인생에서 최초의 거울은 대부분 우리를 돌보았던 사람, 특히 생후 3년간 우리를 양육했던 사람들이다. 그 사람들이 우리 자신의 깊은 자의식과 이미지를 결정하기가 쉽다.

그런데 환자들의 대부분은 이 어린 시절에 버림받았던 분이 대부분이었다. 혹은 버림받지는 않았더라도 건강하지 못한 부모에 의해 양육받았던 분들이 대부분이었다. 이들의 부모들 또한 자라며 안정감과 희생과 사랑과 건강한 용서를 제대로 받지 못한 분들이 대부분이었다. 본인이 받아보지 못하면 줄 수 없다. 이 부분은 특히 내가 부모가 되어서 아이를 키워보면서 깨닫게 되었다.

자기애가 손상되어 자신조차 자기를 제대로 알지 못하는 부모가 만족을 얻을 수 있는 가장 손쉬운 대상은 자신의 자녀다. 자녀는 부모의 절대적인 통제하에 놓여진 힘없는 존재다. 어린 자녀는 부모에게 생존을 위해서라도 복종할 수밖에 없는 연약한 위치에 있다. 복종하지 않는 것은 죽음을 뜻하기 때문이다. 자녀 나이가 어릴수록 부모를 거부할 수가 없다.

자녀의 성과와 업적을 통해서 부모는 자신의 잃어버린 자아를 조금이나마 포장하는 데 도움을 받을 수도 있다. 그러한 방식으로 자녀는 병적인 부모들의 잃어버린 자기애적 만족을 돌려줄 수 있는 유일한 부모의 소유물이 되기 쉽다. 이 아이들은 부모의 의지의 도구가 되는 것이다.

이렇게 되면 아이들은 진짜 자신이 원하는 것이 무엇이고 자기가 누구인지 알기를 포기한 채 스스로 자기를 버리고 부모가 원하고 사회가 원하는 거짓 자기를 만들어낸다. 이 거짓 자기는 진짜 자기에 의해서 고통받은 상처를 은폐하고 있다. 내가 원하는 나와 부모와 사회가 원하는 내가 다르기 때문이다.

그래도 이 두려워하는 어린아이는 힘이 있는 부모가 옳은 것이지 내가 옳은 것은 아닐 것이라는 생각을 가지며, 진짜 자기는 틀렸고 진짜 자기는 부모의 인정과 사랑을 받을 수 없다는 깊은 수치심을 가지게 된다. 이것이 내면화 된 수치심이다.

비극적인 것은, 이 수치심을 가리기 위해 노력하는 인생을 살게 되면 이를 회복하기 위해서 반복적이고 중독적인 강박관념이 생기게 된다는 데 있다. 중독의 문제는 어린시절 양육자에게서 마땅히 받아야 할 건강한 자기애에 대한 욕구 즉, 자기의식을 제대로 형성하지 못한 사람들에게서 대체로 많이 나타난다.

인간은 본래 누구나 자유 의지를 가지고 매순간 많은 선택을 하면서 살아간다. 그 선택들은 때로는 정의롭고 아름답고 여러 사람들을 살리는 방향이지만, 때로는 자신도 파괴하고 타인도 파괴하는 방향일 수 있다.

사람들 가운데는 반복적으로 건강하지 않은 선택을 하거나, 자신의 의지와 관계없이 선택하기 어려워하는 사람들이 있다. 이를 망가진 의지라고 한다. 일단 의지가 망가지면 우리는 자유를 잃어버린다.

우리 안의 유독한 감정인 수치심은 자기 자신에게만 작용하지 않는다. 만성적으로 가족 안의 다른 사람들의 감정을 묶는다. 이런 가정에서 자란 자녀들은 스스로 묶여 있다. 그래야만 안전을 느끼도록 적응되어 있다. 이런 사람들에게는 자유가 더욱 어렵다.

사람의 의지는 지각, 판단, 상상, 추론의 눈을 필요로 한다. 이런 자원들이 없으면 우리의 의지는 눈 먼 판단을 하게 된다. 억압된 감정의 영향 아래에 있을 때에는 제대로 된 지각, 판단, 추론, 상상을 할 수 없게 되는 것이다.

어릴 때 내면적으로나 감정적으로 버림받은 상처, 혹은 육체적으로 받은 학대는 아이의 뇌 속 변연계(limbic system)에 극적으로 남게 된다. 뇌의 한 부분인 변연계는 우리의 이성에 의해 좌우지 되지 않는 부분이다. 생존을 위해서 이성적인 판단을 하지 않고 반응하는 능력을 가진 부분이다. 즉 우리의 뇌에서 직감적으로 위험하다는 신호를 보내면 우리는 즉각적으로 분노하거나 싸우거나 그곳을 피하여 도망가게 되는 것이다.

그리하여 그 아이가 자라면 후에 비슷한 형태의 학대를 느끼는 순간 똑같은 분노와 반응을 보이게 된다. 우리 모두에게 그런 종류의 고통스러운 경험이 있을 수 있기 때문에, 우리는 인생을 살아가면서 반복적으로 비슷한 환경, 비슷한 사람에 대해 두려움과 불편감을 갖게 되는 것이다. 이것은 의지적으로 이성적으로 생각해서 해결될 수 없는 부분이기도 하다.

우리가 얻고 싶은 것은 있는 그대로의 내 자신의 모습이다. 그러나 부모와 힘 있는 어른과 사회에 의해서 받아들여지는 내 자신의 모습은 그것이 아닐 때 괴리가 나타난다. 우리 내면의 깊은 무의식적인 바람이 이루어지지 않으니 거짓 자아를 만들고 대체물들을 만들어내기 시작한다.

돈에도 집착해보고, 명성에도 집착해보고, 지위나 새로운 사랑, 여러 커뮤니티에서의 자리매김 등을 강박적으로 추구하게 된다. 그러나 그것들은 결코 우리 자신이 잃어버린 어린 자아, 인정받지 못한 자아와의 깊은 연결과 용서와 받아들여짐을 경험하게 하지는 못한다. 잃어버린 아이를 되찾지 못하고 영원히 잃어버린 채 삶을 살아가게 된다.

치명적인 학대와 외상적 사건에 대해 적절한 감정을 표현하고 충분히 울고 애도해야 한다. 적절한 감정을 억압당한 경험은 그렇게 극복을 시작해갈 수 있다.

의료 노트 중에서

우리가 얻고 싶은 것은
있는 그대로의 내 자신의 모습입니다.

그러나 부모와 힘 있는 어른과
사회에 의해서 받아들여지는
내 자신의 모습은
그것이 아닐 때
괴리가 나타납니다.

어릴 적 억압당한 경험에 대하여
적절한 감정을 표현하고
충분히 애도하는 시간이 필요합니다.

무엇이 사람을 살게 하는가

갈 곳 잃은 아이들을 보살피며 무엇이 사람을 성장하게 하는가, 어둡고 힘들었던 삶을 극복하기 위해 무엇이 필요한가 갈수록 고민이 깊어진다. 어려운 환경에 처한 청소년들이 자신의 꿈을 이룰 수 있도록 어떤 이야기가 필요한 것일까도 오래도록 생각하게 된다.

그러던 중에 미국인 리즈 머리(Liz Murray)가 쓴 《길 위에서 하버드까지》를 읽었다. 마약 중독자인 부모 아래 태어나 15살부터 보호소와 길거리를 전전하던 그녀가 어떻게 삶을 개척했는지에 관한 이야기다. 여러 상황 속에서도 포기하지 않고 헤쳐나가며 자신의 삶을 비로소 담담히 글로 쓰기까지 그녀가 통과했을 숱한 외로움과 어려움은 마음을 아프게 하면서도 깨달음을 준다.

뉴욕 부롱크스의 빈민가에서 1980년에 태어난 리즈 머리는 악취가 진동하는 집에서 고통에 가까운 굶주림을 견뎌가며 어린 시절을 보냈다. 마약 중독자인 부모는 어린아이를 올바른 정신으로 양육하지 못했다.

제대로 된 환경에서 자라지 못하기는 리즈 머리의 부모 또한 마찬가지였다. 리즈 머리의 어머니는 외할아버지의 학대로 인해 어린 나이에 거리에서 생활하다가 마약 중독자가 되었다. 리즈 머리의 아버지는 알코올 중독자인 친할아버지 아래 자랐는데, 친할머니는 그런 그와 이혼을 하고 홀로 열정적인 교육열 아래 양육하였다. 덕분에 아버지는 상류사회의 학교에 진학하게 되지만 그곳에서 마약 중독에 빠진다. 마약 중독자들 모임 가운데에서도 유별나게 똑똑한 아버지에게 어머니는 반했다. 그 아래에 리즈 머리의 언니와 리즈 머리가 태어났다.

아이를 낳고도 부모는 마약을 끊지 못했다. 생활보호대

상자로 수급비를 받는 족족 마약으로 탕진했다. 그것으로도 모자라 아이가 생일선물로 할머니에게 받은 돈마저 마약을 사는 데 탕진할 정도였다. 그들의 거처인 임대주택은 쑥대밭이라 표현할 정도로 청결하지 못했고 괴로울 정도의 굶주림 아래 아이들은 자랐다.

부모의 약물 중독은 집안에 무서운 사건사고가 끊이지 않게 했고 어머니와 아버지의 몸과 마음을 파괴해갔을 뿐만 아니라 두 자녀에게도 처절한 상처가 되어 돌아왔다. 리즈 머리는 어머니가 에이즈에 진단받고 가족이 해체되면서 15세에 거리로 나온다. 그녀는 길에 나와서 생활하면서도 마약과 에이즈로 처절하게 망가지는 엄마의 일상을 돌보고자 했고 함께 아파했고 사랑했다. 리즈 머리는 거리로 나와서 집 나온 청소년들과 함께 생활하면서 겪은 생각과 감정을 아주 담담히 풀어낸다.

글은 담담히 흘러간다. 자신의 과거와 몇 대째 내려온 가족 구성원의 고통스러운 과거들도 담담하고 솔직하게 나눈다. 원망과 분노를 쏟아붓지 않고 최대한 있는 모습 그대로 서술한다. 그렇게 영웅적이지도 그렇게 강한 의지를 갖고 있는 것도 아닌 것 같아 보이는 작은 소녀가 이 모든 인생의 일들을 어떻게 겪어내고 받아들이는지 과정을 보여준다.

    기이할 정도로 놀라운 사실은, 이런 부모인데도 리즈 머리는 진심으로 그들을 사랑한다는 것이다. 어린 나이에 중독자로서 처절하게 망가져갔던 어머니와 아버지의 일상을 보면서 상처를 많이 받았음에도 불구하고 부모를 자신의 일부로 받아들이며 미워하지 않고 애틋하리 만큼 소중히 여긴다. 비록 부모에게 받은 많은 고통과 굶주림에도 불구하고 부모를 미워하지는 않고 진심으로 사랑한다.

    이 부분은 정말 기적 같기도 하고 이해하기 어렵기도 했다. 어렴풋이나마 부모와 자식 관계라는 것은 종교나 도덕이나 윤리와 당위성을 초월한 인간관계라는 생각을 들게 했다.

    이 책은 보여준다. 우리의 인생에는 사랑과 실패가 언제나 나란히 일어날 수 있다는 사실을 말이다. 또한 우리 인생에서 겪는 고립과 상실 역시 성취와 약속으로 바뀔 수 있음을 상기시킨다.

    마약 중독자인 부모를 향한 이해와 사랑을 그 어린아이

가 마음속에서 간직하고 있었다. 세상의 가치 기준이나 규범에 맞지 않는 부모의 모습과 가족의 모습임에도 불구하고 가족에 대한 근원적인 사랑과 열망을 간직한다. 그러면서 삶은 인내를 넘어 승리를 쟁취할 수 있다는 희망 또한 제시한다.

    리즈 머리가 보여주는 이해와 사랑과 희망은 놀랍기만 한 것이 아니라, 부모의 입장에서 또 어른의 입장에서 많이 고통스럽고 미안했다. 또 내 자신 또한 누군가의 자식이라는 입장에서는 많이 부끄럽기도 했다.

    책은 아이의 시선으로 바라본 기초생활수급 제도와 그 관리에 대해서도 생생하게 전한다. 우리 사회가, 그리고 어른들이 어떠한 태도를 지녀야 하는지 생각할 수 있는 기회가 된다. 국가에서는 정해진 예산으로 기초생활수급자에게 지원을 하고 그 일은 공무원을 통해 이루어진다. 공무를 집행하는 과정에서 취약계층 가족들의 삶에 판단과 낙인을 찍으면서 숱한 상처를 주는 일이 흔히 있을 수 있다는 것을 책은 상기시킨다. 국가의 예산으로 의식주를 공급해주지만 그 과정에는 전혀 공감도 없고, 진정한 인간관계도 없을 수 있다는 것 또한 깨우친다.

    우리나라에도 많은 아이들이 리즈 머리와 비슷하거나, 더 심하거나, 혹은 약간이나마 나은 상태로 어린 시절을 보내고 있을 것이다. 책을 읽는 내내 그 아이들이 눈 앞에 어른거려 마음이 무겁고 많이 아팠다. 리즈 머리와 같은 아이들에게 새로운 삶이 주어질 수 있도록 어떻게 그 아이들을 알아보고 어떻게 도울 수 있을까. 생각이 깊어진다.

의료 노트 중에서

폭력 남편을 피해 있을 곳이 없는 아내들,
그녀의 아이들,
몸도 마음도 상한 외국인 노동자들,
늙고 기운 없고 병들어서
외로이 살아가는 노인들,
일할 곳도 돌아갈 가정도 없이
삶의 의지를 잃은 사람들,
쓸모없고 하찮은 사람으로 취급받는 사람들…

이분들이 잠시 피할 처소가 될 수 있도록
애쓰고 싶습니다.

한 사람의 인생에
구체적으로
다가가야 한다

인생의 변화를 돕기 위해 어떻게 해야 할까? 한 사람이 새로운 삶을 살 수 있도록 구체적으로 도와야 한다. 천 명을 대상으로 하는 운동보다는 '한 사람'을 가족으로 받아들이는 개념의 운동을 해야 할 필요성을 느낀다.

    그중에서도 여성의 삶을 길게 보고 지원을 해보자고 만든 단체가 바로 여성 노숙인들의 쉼터인 '마더하우스'다. 인격적인 관계와 사회적 책임이 있는 관계가 맺어질 수 있는 소규모의 사회이고 공동체다.

노숙인들은 90% 이상이 남성이다. 남성 위주의 노숙인 사회에서 거리에 무방비로 노출된 여성 노숙인들의 현실은 말로 표현할 수 없을 정도로 참혹했다. 여성들은 길에서 성범죄, 정신질환, 건강 악화 등 복합적인 위험에 노출되어 있다. 여성 노숙인들은 대개 가정폭력 등을 피해서 거리로 나온 경우가 많다. 그러다 보니 사회생활 경력이 없이 거리로 내몰린 비율이 높고 일자리를 구하기도 쉽지 않다. 노숙인 쉼터는 남성들이 주로 사용해 여성들은 사용하기가 어렵다는 문제도 있다.

여성 노숙인에게 우선 의사소통을 할 여성들이 필요했다. 다시서기센터거리팀, 성폭력여성자활센터 등과의 협력을 통해서 2009년 서울역 인근 주택에 있는 2층에서 방 6개로 여성 노숙인들을 위한 쉼터를 시작했다. 2009년부터 2013년까지 거리에서 생활하는 여성 노숙인들을 돌보았다. 이분들 중 지금까지 함께 관계를 맺으면서 살고 있는 분들도 있고 의료급여 수급을 받을 수 있도록 도와 스스로 삶을 꾸려갈 수 있도록 했다.

마더하우스를 운영하면서 여성 노숙자를 여러 명 장기적

으로 만났다. 여성 노숙자의 삶을 알 수 있는 계기였다. 그녀들 중에서는 고아도 있었고, 입양됐다가 다시 버림받은 사람도 있었고, 힘들게 직장 생활을 하다가 이혼하고 노숙자가 된 사람도 있었다.

한 노숙자를 오랫동안 만나다 보면 그들에게 마더하우스 식구들은 가족이 될 수밖에 없었다. 가끔 몰래 술을 마시다 걸려서 혼나는 분도 있지만 긍정적으로 변한 분도 여럿이다. 간호조무사 자격을 취득하고 새 삶을 살게 된 여성, 사이버대학도 다니고 우리 단체에서 함께 일하는 분 등 다양한 영역에서 자신의 인생을 변화시키고 있다.

2016년에는 마더하우스의 안정적인 운영과 더불어 주거지원에 집중하고, 해외 취약계층 여성·아동 교육 사업을 위해 외교부 산하 사단법인 회복나눔네트워크를 설립했다. 회복나눔네트워크는 의료와 주거 지원, 일자리 창출, 생활 지원, 교육 및 인식개선 사업 등의 활동을 펼치며 소외계층이 사회구성원으로 자립할 수 있도록 돕는 데 노력을 기울이고 있다.

노숙인들을 돌보다 보니 의료만으로는 부족하다는 것을

절감했다. 병이 낫는다고 해서 이전의 삶으로 돌아가지 않는다. 당장 갈 곳이 없는 주거 문제가 우선 해결되고 일자리와 새 삶을 살겠다는 의지가 있어야 한다. 그러다 보니 재활과 주거, 자립 지원까지 일의 영역이 넓어졌다.

우선은 길에서 살지 않게 되는 것만으로도 상태는 훨씬 좋아진다. 그러므로 노숙인 주거지원은 특히 신경 쓰는 분야다. 대한민국도 2011년에 노숙인법을 제정하고, 2017년부터는 미국에서 시행하고 있던 정책 '주거우선정책(housing first)'에 많이 공감하기 시작했다. 서울시는 지원주택시범사업을 통해서 2024년에 230명의 노숙인에게 기존 임대주택뿐만 아니라 SH지원주택을 통해서 더 주거공급을 하게 되었다. 2017년에만 하여도 '과연 저 분들이 집에서 생활을 할 수 있을까' 많이 걱정하면서 시범사업이 시작되었던 것으로 기억하는데, 2024년까지 어느덧 230여 명이 지원주택에서 생활하게 되었다.

얼마 전 새로운 지원주택 입소자들을 결정하기 위한 서울시 자활지원과 회의에 다녀왔다. 많은 취약계층 분들이 임대주택을 얻어서 나름 적응하고 계시고 그것도 어려울 것 같앉던 노숙인들이 다양한 지원주택과 여러 임대주택 등을 통해 적응하고 있는 것 같아서 다행이라 생각되었다.

역시 그 어떤 정책보다 주거우선정책으로 인해 많은 취약계층 사람들이 긍정적으로 빨리 변할 수 있다는 것을 느낀다. 병원에 오래 입원시키는 것도 결국 의식주를 안정적으로 누리는 것 자체가 중요한 치료 역할을 하기 때문인지 모른다. 겨울을 보낼 수 있는 깨끗하고 독립된 공간만 제공해도 병이 현저하게 줄어들고 사고방식이 바뀐다.

여기에 더해 가족까진 아니더라도 기댈 수 있는 인간관계도 아주 중요하다. 노숙인 환자들의 공통점은 가족관계가 깨지면서 모든 것이 망가진 분들이다. 가난하더라도 가족관계가 남아있는 사람들은 질병에 대한 치료적 접근이 오히려 쉬웠다.

사람의 상처가 사람과의 관계를 통해서 치유된다는 것은 불변의 진리일지도 모른다. 제대로 된 관계를 통해 회복의 길로 접어들 수 있다.

가난한 사람들의 병을 치료하다 보니 의료만으로는 부족하다고 느꼈다.
한 사람이 새로운 삶을 살 수 있도록 구체적으로 돕기로 했다.

너무 많은 죽음 앞에서
배우는 인생의 의미

가진 것 없는 사람들을 위한 의사 노릇을 한 지 20년이 지나가면서 숱한 죽음을 보았다. 매일같이 죽음을 보다 보면 익숙해질 만도 하지 않냐고 물을지도 모르지만, 그렇지 않다. 죽음을 마주하는 건 늘 힘들다.

    너무나 많은 죽음을 오랫동안 자주 대하다 보니 더더욱 내 자신의 삶을 최선을 다해서 살아가게 되는 것 같다. 먹고, 자고, 씻고, 만나는 매일의 일상이 곧 삶이기에 한순간도 놓치지 않고 소중하고 성실히 여기게 되는 것은 분명 죽음이라는 끝에 머지않아 도달한다는 사실을 알고 있기 때문일 것이다.

앞만 보고 쉼없이 달리는 대부분의 사람들은 바쁜 삶 속에서 죽음에 대해 진지하게 생각할 기회나 여력이 많지 않다. 영원히 살 것처럼, 나에게 삶이라는 시간이 끝없이 지속될 것처럼 하루 또 하루를 보내게 된다. 그러나 중요한 사람의 죽음을 직면했을 때 본인들에게도 분명 삶이 끝나는 시간과 그 과정이 존재할 것이라는 사실을 실감하게 된다.

가까운 사람의 죽음은 한 사람의 인생을 뒤흔들어 놓는다. 특히 부모의 사별을 통해서 본인도 언젠가는 그 날이 올 것이라 깨닫게 된다. 삶에서 정말 중요한 것이 무엇인지 바라보게 되고, 무엇을 추구하며 살아가야 하는지를 생각해보게 된다.

나의 어머니는 70세에 돌아가셨고, 아버지는 90세에 돌아가셨다. 두 분이 돌아가실 때 나는 곁에 있었다. 죽음을 그렇게나 많이 보았으면서도, 부모님의 죽음을 바로 옆에서 겪는 일은 남달랐다. 누구나 마지막이 있다는 사실을 또렷하게 받아들였다. 나에게도 죽음이 머지않아 밀어닥치며 그 과정을 감내해야 한다는 사실을 뼈저리게 느꼈다.

40대까지는 오늘 무엇을 할까, 앞으로 무엇을 할까라는 마음이 크다면 50대가 넘어가면 죽음이라는 묵직한 주제가 마음에 더 많은 비중을 차지하게 된다. 어제는 되던 것이 오늘은 안 된다. 회복도 더디다. 당연하게 하던 것들이 점점 되지 않기 시작하면 노화와 죽음을 어떻게 받아들여야 할까 더 많이 생각하게 되는 것이다.

내가 누구이고, 무엇을 하고 싶고, 무엇을 할 때 만족하며 살아갈 수 있는지를 알아차리는 일은 어렵다. 그리고 그에 가닿기 위하여 중요한 인생의 결정들을 쉽게 잘하기도 어렵다. 그러나 많은 어려움에도 불구하고 외면하지 않고 경험하고 이겨내어 알아차림에 가닿는 시간이 필요하다.

고통은 크게 신체적 고통, 정신·사회적 고통, 영적 고통으로 나눌 수 있다. 신체적 고통은 병으로 인한 통증과 증상으로 인한 통증과 고통을 말한다. 정신·사회적 고통은 병으로 인해서 부차적으로 생기는 고립감, 외로움, 적응장애나 우울증, 불면증과 같은 어려움을 뜻한다. 영적 고통은 병을 가지고 사는 새로운 나를 받아들여야 하는 어려움, 온전하지 않은 자신을 마주하며 겪는 자기애와 자존감의 손상, 자기 이미지의 변화, 내 존재 가치에 대한 부정 등을 통해 겪는 고통을 말한다. 이런 고통을 덜어낼 수 있는 단 하나의 방법이나 만병통치약은 이 세상에 없다.

그럼에도 불구하고, 여러 질병과 고통을 겪으면서도 빨리 죽지 않는 삶을 바라며 늙어가는 몸을 부둥켜안는 것이 우리 보통의 인간이다. 작은 바이러스에 크게 고통당하지 않도록 만성적인 약들을 한 웅큼씩 먹으면서 하루하루 살아가기도 한다.

그러나 끝까지 붙들고 싶은 삶이라 하더라도, 제정신이 아닌 상태에서 삶을 유지하고 싶은 사람은 드물 것이다. 마지막까지 가능하면 맨정신을 유지하고, 스스로 보행하며, 자신의 앞가림과 대소변 처리를 끝까지 하고 싶다는 것이 많은 사람들의 바람이다.

생명, 그리고 삶은 대단하면서도 대단하지 않기도 하다. 대단하면서도 대단하지 않은 그 아이러니와 죽음이라는 답을 낼 수 없는 명확한 사실 앞에서 나약한 우리 인간이 할 수 있는 일은 결국, 주어진 매순간을 만끽하고 나름으로 열심히 살려고 노력하는 것뿐이다.

환자들에게 강조한다. '먹는 것, 자는 것, 싸는 것, 씻는 것' 이 네 가지만 꼭 해달라고, 여기에 운동까지 더 해주면 더욱 좋다고 말이다.

누구나 살아가며 인생에 버거운 순간, 어려운 시간이 찾아온다. 그런 때에, 주저앉아 아무것도 하기 싫은 날이더라도 자신의 일상을 지탱하는 기본만큼은 포기하지 않고 붙들어야 한다.

그렇게 하루 또 하루를 붙들고 나아가다 보면, 자신도 주변의 환경도 조금씩 바뀌어 그래도 그때보다는 좀 더 괜찮아지는 때를, 어제보다는 좀 더 나은 나를 만나게 된다. 그러한 믿음과 희망이 반드시 필요하다.

주석

1. 의료급여 1·2종 수급자는 <국민 기초생활 보장법>에 따른 수급자, <재해구호법> 제2조에 해당하는 이재민 중 <재난 및 안전관리 기본법>에 따라 특별재난지역으로 선포된 지역에서 발생한 이재민, <입양특례법>에 따라 국내에 입양된 18세 미만의 아동, <독립유공자 예우에 관한 법률> 등에 의한 국가유공자와 그 가족, <무형문화재 보전 및 진흥에 관한 법률>에 따라 지정된 국가 무형문화재의 보유자와 그 가족, <북한 이탈주민의 보호 및 정착지원에 관한 법률>에 따른 북한 이탈주민, <5.18 민주화 운동 관련자 보상 등에 관한 법률>에 따른 5.18 민주화운동 관련자, <노숙인 등의 복지 및 자립지원에 관한 법률>에 따른 노숙인(이 법은 2011년 이후에 생김), 그 밖에 생활유지 능력이 없거나 생활이 어려운 사람으로서 보건복지부 장관이 의료급여가 필요하다고 인정하는 사람을 대상으로 하여, 주민등록을 전입한 동사무소 사회복지과에서 서류 자체를 진행하여 부여한다.

참고문헌

- 보건복지부, 노숙인 등의 복지 및 자립지원에 관한 법률, 시행 2012.6.8.
- 대한감염학회, 대한화학요법학회 추계학술대회 초록집, 2016.11.3-4.
- 국가법령정보센터, 법률 제10784호, 제정 2011.6.7.
- 보건복지부, 노숙인 복지 및 자립지원 종합계획 수립에 관한 연구, 2012.
- 대한내과학회, 제1회 노년내과 인증의 교육 심포지움 자료, 11p, 2017.12.9.
- 최영아, 질병과 가난한 삶, 청년의사, 2015
- 서울특별시, 서울시 노숙인 정책발전 토론회 자료, 2018. 10. 30.
- 서울특별시립 은평의 마을, <은혜롭고 평화로운 은평의 마을입니다>, 마리아수녀회, 그리스도 수도회와 함께한 은평의 마을 30년사 자료.
- <가난한 환자들의 이웃, 도티기념병원>, 마리아수녀회 도티기념병원 35년사 자료.
- KBS, 현장르포 제3지대: 5700명의 기적, 2002.12.10.

값 18,000원

ISBN 979-11-987319-9-9 03180

- Parviz Vahdani et al., Prevalence of HBV, HCV, HIV, and Syphilis among Homeless Subjects Older than fifteen Years in Tehran, Arch Iranian Med 2009:12(5): 483-487.
- Fichter MM., Quadflieg N., Prevalence of Mental illness in homeless men in Munich, Germany: results from a representative sample., Acta Psychiatr Scand, vol 103, 2001, 94-104p.
- Joon-Young Song etc., Ciclesonide Inhaler Treatment for Mild-to-Moderate COVID-19: A Randomized, Open-Label, Phase 2 Trial, Journal of Clinical Medicine, 3545, 2021.
- Talida Georgiana Cut etc., Spontaneous Pneumomediastinum, Pneumothorax, Pneumopericardium and Subcutaneous Emphysema – Not So Uncommon Comlications in Patients with COVID-19 Pulmonary Infection – A Series of Cases, Journal of Clinical Medicine, 1346, 2021.
- 국립중앙의료원/중앙감염병병원운영센터(National medical center/Office for the central infectious disease hospital), 신종감염병 중앙임상위원

회 COVID-19 진료권고안, 2020.

- Andreas Rank etc., One Year after Mild COVID-19; The Majority of Patients Maintain Specific Immunity, But One in Four Still Suffer from Long term Symptoms. Journal of Clinical Medicine, 3305, 2021.

- Margit Kaldmäe etc., Cardiovascular disease risk factors in homeless people, Upsala Journal of Medical Sciences, 2011.

- Chieh-Chen Wu etc., Statin Use Is Associated with a Decreased Risk of Mortality among Patients with COVID-19, Journal of Clinical Medicine, 1450, 2021.

- Mehdi Ghasemi etc., SARS-CoV-2 and Acute Cerebrovascular Events: An Overview, Journal of Clinical Medicine, 3349, 2021.

- Amandine Arnaud etc., Prevalence and characteristics of diabetes among homeless people attending sheters in Paris, France, 2006., European Journal of Public health, vol20 No.601-603, 2009.

- Mehdi Ghasemi etc., SARS-CoV-2 and Acute Cerebrovascular Events: An

Overview, Journal of Clinical Medicine, 3349, 2021.

- Youngah Choi etc., SCIREA Journal of Clinical Medicine, Volume 7, Issue 4, 200, 2022.
- Brunella Posteraro etc., Analysis at a Large Teaching Hospital in Italy, Journal of Clinical Medicine, 1752, 2021.
- Giuseppe Lisco etc., COVID-19 and Endocrine System: A Comprehensive Review on the Theme, Journal of Clinical Medicine, 2920 2021.
- Seena Faze etc., The prevalence of mental disorders among the Homelessin Western Countries: Systemic Review and Meta-Regression Analysis., Volume5, Issue12, 2008.
- Brunella Posteraro etc., Article: Risk Factors for Mortality in Adult COVID-19 Patients Who Develop Bloodstream Infections Mostly Caused by Antimicrobial-Resistant Organisms: Analysis at a Large Teaching Hospital in Italy., 2021.

나는 언제라도 너의 편이다

초판 1쇄 발행 2025년 12월 15일
지은이 최영아

펴낸이 봉선미
마케팅 이혜영
표지디자인 [★]규 **본문디자인** pica(
용지 세종페이퍼 **제작** 한영문화사

펴낸곳 리더스 그라운드
출판등록 2023년 6월 20일 제2023-000114호
이메일 partner@readers-ground.com
ISBN 979-11-987319-9-9 (03180)

- 책값은 뒤표지에 있습니다.
- 파본은 구입하신 서점에서 교환해드립니다.
- 이 책은 저작권법에 의하여 보호를 받는 저작물이므로 무단 전재와 복제를 금합니다. 이 책 내용의 전부 또는 일부를 이용하시려면 저작권자와 출판사의 동의를 받아야 합니다.
- 빛의서가는 리더스 그라운드의 출판 브랜드입니다.
- 리더스 그라운드는 독자 여러분의 책에 관한 아이디어와 원고 투고를 기다리고 있습니다. 책 출간을 원하시는 분은 partner@readers-ground.com으로 책 출간에 대한 취지와 연락처 등을 보내주시기 바랍니다. 새로운 이야기를 환영합니다.